Nos compagnons éternels

Nos compagnons éternels

Merveilleuses histoires vraies sur les animaux angéliques

Jenny Smedley

Traduit de l'anglais par
Claire Perreau

Copyright © 2011 Jenny Smedley
Titre original anglais : Pets Are Forever
Copyright © 2012 Éditions AdA Inc. pour la traduction française
Ce livre est publié avec l'accord de Hay House, Inc.

Syntonisez Radio Hay House à hayhouseradio.com

Éditeur : François Doucet
Traduction : Claire Perreau
Révision linguistique : Féminin pluriel
Correction d'épreuves : Éliane Boucher, Suzanne Turcotte
Conception de la couverture : Paulo Salgueiro
Photo de la couverture : © Thinkstock
Mise en pages : Sébastien Michaud
ISBN papier 978-2-89667-649-1
ISBN PDF numérique 978-2-89683-557-7
ISBN epub 978-2-89683-558-4
Première impression : 2012
Dépôt légal : 2012
Bibliothèque et Archives nationales du Québec
Bibliothèque Nationale du Canada

Éditions AdA Inc.
1385, boul. Lionel-Boulet
Varennes, Québec, Canada, J3X 1P7
Téléphone : 450-929-0296
Télécopieur : 450-929-0220
www.ada-inc.com
info@ada-inc.com

Diffusion
Canada :   Éditions AdA Inc.
France :   D.G. Diffusion
                Z.I. des Bogues
                31750 Escalquens — France
                Téléphone : 05.61.00.09.99
Suisse :   Transat — 23.42.77.40
Belgique :   D.G. Diffusion — 05.61.00.09.99

Imprimé au Canada

Participation de la SODEC.
Nous reconnaissons l'aide financière du gouvernement du Canada par l'entremise du Fonds du livre du Canada (FLC) pour nos activités d'édition.
Gouvernement du Québec — Programme de crédit d'impôt pour l'édition de livres — Gestion SODEC.

Catalogage avant publication de Bibliothèque et Archives nationales du Québec et Bibliothèque et Archives Canada

Smedley, Jenny

Nos compagnons éternels : merveilleuses histoires vraies sur les animaux angéliques
Traduction de : Pets are forever.
ISBN 978-2-89667-649-1
1. Animaux familiers - Aspect psychique. 2. Communication avec les animaux. 3. Animaux familiers - Anecdotes. I. Titre.

SF412.5.S6314 2012   133.8'9   C2012-940872-7

*Toutes les créatures vivantes de cette planète
sont reliées entre elles à la base. Par conséquent, nous
pourrions créer un avenir meilleur et plus sûr pour
nous-mêmes et pour ce monde en prenant soin de
toutes les âmes qui résident ici-bas.*

Remerciements

Ce livre est dédié à tous les chevaux, chiens, chats, poules, canards, lapins, et aux oiseaux et animaux sauvages qui ont embelli ma vie et m'ont enseigné plus que n'importe quelle école ne pourrait le faire.

Mon chien actuel, KC, m'a beaucoup influencée dans l'écriture de ce livre.

Tony, mon mari et meilleur ami, a, comme toujours, partagé avec moi ses commentaires judicieux.

Je remercie bien évidemment la maison d'édition Hay House, pour la confiance qu'elle continue à me manifester.

J'aimerais remercier Bonnie Whitecloud, coordinatrice du Manataka American Indian Council, de m'avoir permis d'utiliser les citations inspirantes de Lee «Standing Bear» Moore[1] dans ce livre. Je suis très heureuse d'avoir pu le faire.

Pour terminer, merci à Brian May, qui est non seulement un musicien légendaire aux yeux du monde entier, mais également, à mes yeux et à ceux de tous les animaux auxquels il se consacre, un être à la générosité légendaire.

---

1. N.d.T. : Indien de la tribu des Cherokees réputé pour ses écrits, ses conférences et ses apparitions dans des émissions radiophoniques et télévisées.

L'âme est la même dans toutes les créatures vivantes,
bien que le corps de chacune soit différent.
HIPPOCRATE

Certains prétendent que le pouvoir naturel
des animaux-guides n'existe plus. Ce n'est pas vrai. De
nombreuses personnes pensent que les animaux ne sont
pas spirituels — qu'ils ne possèdent ni âme ni esprit.
La plupart croient que les animaux sont moins intelli-
gents que les humains, qu'ils sont sauvages et
dépourvus de conscience et de qualités sociales.
Ce n'est pas vrai.

LEE « STANDING BEAR » MOORE
(par l'intermédiaire de son ami Takatoka)

Table des matières

Avant-propos — par le Dr Brian H. May, astrophysicien et Commandeur de l'Ordre de l'Empire britannique   **xv**

Préface   **xix**

Introduction   **1**

Chapitre 1   **Espèce de chien stupide!**   **19**
Les êtres humains ont-ils le droit de dire à un animal qu'il est stupide? Les animaux sont-ils aussi spirituels, voire plus, que nous le sommes? Histoires d'animaux venus en aide à des espèces différentes de la leur.

Chapitre 2   **Fidèles pour l'éternité**   **33**
Animaux qui reviennent de la mort pour rendre visite à leurs maîtres

Chapitre 3   **Des gardiens qui ne nous quittent jamais**   **49**
Animaux qui ont réapparus après la mort pour protéger leurs maîtres

Chapitre 4   **Me revoilà!**   **69**
Animaux qui se sont régénérés pour revenir dans la vie de leurs maîtres dans un corps différent, parfois même dans celui d'une espèce différente

Chapitre 5 Anges animaux   83
*Animaux habités par l'étincelle d'un ange, pour une
période limitée ou pour une vie entière*

Chapitre 6 Guérisseurs magiques   99
*Animaux qui ont guéri leurs maîtres ou qui ont aidé
leurs maîtres à guérir d'autres personnes*

Chapitre 7 Animaux mystiques   125
*Animaux qui voient les esprits et peuvent commu-
niquer avec eux. Animaux dotés du pouvoir de
télépathie*

Chapitre 8 Animaux sauvages   139
*Est-ce que le renard tue de sang-froid? Le lion a-t-il
pitié de sa proie? Les animaux sont-ils des êtres
innocents?*

Chapitre 9 La maltraitance des animaux   145
*Est-ce qu'il est mal de considérer que les animaux
existent seulement pour nous nourrir et pour nos
loisirs sportifs? L'élevage intensif nuit-il à l'âme de
la personne qui le pratique?*

Chapitre 10 Voyage dans le temps avec votre animal   153
*Comment réécrire l'histoire de vie de vos animaux
pour guérir les maladies et les problèmes comportementaux provoqués par l'énergie d'une vie passée et
par des traumatismes subis dans la vie présente*

Chapitre 11 Commencer du bon pied   165

    Si vous ne savez pas où chercher pour déterminer
    quel animal est votre âme sœur, la numérologie et
    d'autres pratiques peuvent vous mettre sur la voie

Chapitre 12 Aide de spécialistes   181

    Où trouver de l'aide si vous ne parvenez pas à créer
    un lien avec votre animal

    Postface   211

    Lectures recommandées   213

    Ressources   215

    À propos de l'auteure   221

Avant-propos

Jenny Smedley est connue dans le monde entier par les amoureux des animaux, mais pour ceux qui ne la connaîtraient pas encore, permettez-moi de vous la présenter. Sa thèse, selon laquelle les animaux ont une âme au même titre que les êtres humains, peut facilement donner l'impression erronée d'être «sentimentaliste». Mais la légèreté et l'humour qui habitent nombre des anecdotes de ce livre dissimulent un sujet plus sérieux : une révolution importante et grandissante dans notre attitude à l'égard des autres espèces de la planète Terre. Dans le cadre du travail que j'ai effectué ces derniers mois pour le bien-être des animaux, j'ai été frappé par une révélation. Nous grandissons tous, nous quittons notre foyer et nous sommes convaincus, grâce à des preuves vérifiables et à des arguments logiques, que nos croyances nous appartiennent entièrement. Pourtant, rien n'est plus loin de la vérité pour la majorité d'entre nous. Il est inutile d'observer bien longtemps nos comportements quotidiens pour réaliser que nous sommes dominés par nos habitudes — c'est-à-dire tout un système de schémas comportementaux transmis par nos parents ou nos tuteurs dès notre plus tendre enfance et légèrement modifiés par nous-mêmes, souvent en réponse à la pression que nous subissons plus tard de la part de nos pairs.

Ces comportements se basent principalement sur des croyances que nous ne remettons pas en question, et nombre d'entre elles sont liées à notre façon de traiter les animaux. Beaucoup de gens mangent quotidiennement la chair des animaux, rassurés par les propos de leurs parents qui résonnent encore dans leur tête : « Tu as besoin de protéines », « C'est bon pour la santé », etc. En dépit des nombreuses preuves démontrant clairement qu'un régime végétarien est plus sain pour notre corps, qu'il est largement bénéfique à la santé de notre planète et que, s'il était adopté par tous, il diminuerait considérablement la souffrance des animaux, ces vieilles croyances et ces vieux comportements persistent. La *souffrance* des animaux ? Ce genre de propos risque de nous faire accuser de sentimentalisme ou d'anthropomorphisme. Nous sommes nombreux à avoir reçu dans notre enfance des messages plus ou moins implicites sur les animaux, notamment : « Les animaux ne souffrent pas comme les êtres humains », « Nous pouvons faire ce que nous voulons avec les animaux », « Les animaux sont sales », « Certains animaux sont méchants et d'autres ne sont que des parasites et de la vermine sur lesquels nous devons prendre le *contrôle* », ou encore « Il faut du courage pour tuer un animal. » Ainsi, chaque jour, des millions et des millions d'animaux d'élevage sont cruellement maltraités, des millions d'animaux sont utilisés dans des expériences horribles pour que les humains vivent plus longtemps ou pour qu'ils soient plus beaux, et le peu qu'il nous reste d'animaux sauvages n'ont plus aucun droit et peuvent être chassés, piégés, attachés, tués et déchiquetés par des hommes entourés de leurs meutes de chiens. Un coup d'œil rapide par un extraterrestre qui visiterait notre planète lui suffirait pour conclure que la race humaine, même si elle se considère être plus ou moins l'espèce la plus importante de cette planète, est en réalité celle qui se conduit le plus mal. Cet extraterrestre en conclurait que nos comportements sont principalement gouvernés par notre instinct et que, même si rien ne nous distingue des autres mammifères de la Terre au point de vue anatomique, nous refusons d'accepter les similarités qui nous rapprochent et nions leur droit de vivre et de respirer en paix. Dans son livre *Faut-il manger les animaux ?*, Jonathan Safran Foer m'a fait découvrir un mot que je n'avais jamais rencontré avant : l'anthropodéni. Les personnes qui le pratiquent nient que les animaux qui nous entourent puissent voir, entendre et ressentir presque exactement les mêmes choses que nous. En effet, ils connaissent également le plaisir, la souffrance et la peur, et ce déni de la vérité permet à ceux qui manquent d'empathie de justifier leurs actes de cruauté.

Mon discours peut sembler très éloigné d'un livre qui est habité par la légèreté et la joie, et qui nous révèle les pensées et les émotions des animaux. Mais en vous plongeant dans ces histoires, vous serez constamment ramenés à l'idée que nous devons en permanence remettre en question les règles des anciens modes de pensée. Quand j'avais environ 10 ans, mes cours de catéchisme m'ont enseigné que « seuls les humains ont une âme ; seuls les humains peuvent aller au paradis ». Ces propos m'ont contrarié pendant des années ; ils me paraissaient extrêmement injustes, et je résistais avec force à l'idée que mon chat puisse être chassé une fois arrivé aux portes du paradis. Encore maintenant, il arrive que cette pensée me revienne en mémoire. Il n'existe évidemment aucune preuve pouvant légitimer de tels enseignements, lesquels ont certainement permis de justifier les innombrables actes de cruauté et de négligence qui ont été perpétrés à l'encontre des animaux au fil de l'histoire. Chaque page de ce livre me rassure quant au fait qu'il s'agit d'une autre vieille croyance dont il faut se débarrasser, par manque de preuves. Encore mieux, que cette croyance soit à rejeter en raison des preuves évidentes du contraire, lesquelles sont retransmises avec beaucoup de talent et de dévouement dans ce livre.

Vous pouvez en être convaincus. Comme le dit Jenny Smedley, les animaux aussi ont une âme!

Brian May
2010

Préface

Toute ma vie, j'ai été obsédée par les animaux et je les ai souvent beaucoup plus aimés que la plupart des êtres humains que j'ai rencontrés. Je ne me suis jamais demandé s'ils avaient une âme comme nous, parce que j'ai toujours su que c'était le cas. Après avoir écrit *Pets Have Souls Too*[2], et maintenant ce livre, j'ai découvert suffisamment de preuves de ce fait pour pouvoir en convaincre n'importe quelle personne raisonnable.

Les gens disent parfois qu'il n'existe dans la Bible aucun passage mentionnant que les animaux aient une âme ou qu'ils puissent aller au paradis. Ce fait n'est pas surprenant et il ne signifie en aucun cas que ce soit vrai. Après tout, la Bible est censée être un manuel d'instructions expliquant aux êtres humains comment avoir la bénédiction pour aller au paradis, et parce que les animaux ne savent pas lire, pourquoi un manuel destiné aux hommes contiendrait-il des instructions pour les animaux ? Si vous doutez encore, essayez d'imaginer un paradis sans animaux. Cela est impossible. Quoi qu'il en soit, la Bible contient quelques passages qui semblent indiquer l'importance et la valeur spirituelle des animaux, et ces messages sont clairement destinés aux êtres humains.

2. N.d.T. : Traduction littérale : *Les animaux aussi ont une âme.*

QUELQUES PROPOS SUR LES ANIMAUX, LE PARADIS ET LA SPIRITUALITÉ

Je me souviendrai de mon alliance entre moi,
vous et tout être vivant quel qu'il soit.
GENÈSE 9, 13-17

Alors je vis le ciel ouvert : C'était un cheval blanc.
APOCALYPSE 19, 11

Car la création attend avec impatience
la révélation des fils de Dieu.
ÉPÎTRE AUX ROMAINS 8, 19

Les animaux sont-ils éternels ? Ont-ils une âme immortelle comme la nôtre ? La vraie question que nous devons nous poser est la suivante : « Quels critères doivent remplir les créatures vivantes pour être acceptées au paradis après leur mort ? » Selon moi, la réponse est simple : elles doivent avoir une âme, et pour que cela soit possible, elles doivent démontrer leur capacité à aimer et à ressentir de la compassion.

Le 4 décembre 2008, un film a été enregistré par une caméra d'autoroute située à Santiago, au Chili. Au premier abord, il donnait l'impression de montrer un énième accident de la route, car on y voyait un chien courant au beau milieu de la chaussée. Paraissant souffrir d'une panique aveuglante, il ne portait aucune attention au flot incessant de voitures qui le dépassaient avec vitesse, et l'inévitable s'est rapidement produit : le pauvre a été frappé par deux voitures qui ont laissé derrière elles un chien inanimé, manifestement blessé ou peut-être mort, au milieu de la chaussée. De toute évidence, il risquait de se retrouver rapidement réduit à l'état de traînée sur le sol, mais un autre chien est soudainement apparu dans le coin de la caméra. Celui-ci, après un moment d'immobilité où il a semblé évaluer la situation, s'est engagé avec prudence sur l'autoroute, se frayant un chemin entre les voitures, pour se diriger vers le corps de son compagnon. Il a manifesté une grande intelligence en sachant repérer les brefs moments de creux dans la circulation. C'est à ce moment que les images sont devenues presque irréelles, lorsque le second chien, au lieu d'attraper son compagnon par la gueule, comme on s'y serait attendu, s'est assis près de sa tête, et a glissé ses deux pâtes de chaque côté pour attraper le blessé par les aisselles. Puis, en avançant laborieusement à reculons, il a traversé la chaussée en tirant son compagnon, examinant sérieusement l'état de la circulation au moment de pénétrer sur une voie, parvenant à éviter les voitures, jusqu'à ce qu'il ait enfin atteint la sécurité du gazon.

Malheureusement, ce miracle n'a pas eu de fin très heureuse, puisque le premier chien semble avoir été tué sur le coup et que son sauveteur s'est enfui avant que les travailleurs autoroutiers, venus en courant pour les aider, soient arrivés sur les lieux et qu'ils aient pu le ramener avec eux pour lui trouver un foyer. Il y a de nombreux aspects à examiner dans cette histoire. Comment ce chien a-t-il été en mesure d'évaluer la situation avec une telle intelligence ? S'il n'avait été qu'un « animal stupide », comment aurait-il su que son compagnon avait besoin d'aide ? S'il avait été incapable d'aimer, pourquoi se serait-il intéressé à lui ? Ce chien était manifestement très intelligent pour être capable de traverser une autoroute à trois voies et de s'en sortir indemne. En outre, lorsqu'il a atteint son compagnon, il a dû sentir qu'il était trop tard pour le sauver, mais quelque chose l'a poussé à vouloir le ramener sur le bord. En quoi le sort d'un cadavre peut-il être important aux yeux d'un chien pour que celui-ci le traîne avec tant de difficulté vers le bord de la route, au lieu de simplement sauver sa propre vie ? Souhaitait-il que le corps de son compagnon soit respecté ? Si c'est le cas, son processus de pensée n'est pas celui d'un esprit irrationnel. Pourquoi a-t-il utilisé une méthode humaine pour porter l'autre chien, au lieu de l'attraper par les dents, ce qui aurait été plus rapide et plus prudent ? Au-delà de toutes ces questions importantes, il reste la plus essentielle : pourquoi ce chien s'est-il lancé dans cette opération de sauvetage ? Je ne vois qu'une réponse : il aimait l'autre chien.

La presse britannique a récemment divulgué l'histoire d'une femelle orang-outan qui s'était retrouvée orpheline à cause d'une intervention humaine et que l'on avait amenée au refuge d'un zoo. Elle était accablée de chagrin, car les animaux peuvent être tristes au même titre que les humains. Elle ne mangeait pas, et ceux qui prenaient soin d'elle pensaient qu'elle allait se laisser mourir. Au même moment, un chien malade et abandonné a été retrouvé non loin de là. Un lien s'est créé immédiatement entre les deux animaux. Peu leur importait qu'ils fussent d'espèces différentes. Peut-être ont-ils reconnu chez l'autre des émotions qui faisaient écho à ce qu'ils ressentaient. Le fait est que ce couple improbable est devenu inséparable.

L'histoire de deux chats sauvages a récemment été diffusée sur Internet. L'un des deux avait été frappé mortellement par une voiture et son corps gisait dans le caniveau.

Le chat qui l'accompagnait a surpris les passants en se mettant sur le corps de son ami et en tentant de le réanimer par des massages de l'abdomen, comme s'il essayait de le ramener à la vie. Il est resté ainsi pendant deux heures, avant de finalement accepter que l'on enlève le corps de son ami.

Il existe chez les animaux d'autres caractéristiques qui sont facilement observables et qui nous prouvent qu'ils ont droit au paradis :

- **Les animaux ne jugent pas les autres et ils n'émettent aucun a priori sur les autres en fonction de leur apparence. Ils n'ont pas de préjugés quant à la race, l'orientation sexuelle ou les convictions religieuses.**

- **Les animaux se moquent de savoir si leurs compagnons sont de la même couleur qu'eux ou non. Un chien noir est traité de la même façon qu'un chien blanc, ce qui est une simple manifestation de bon sens, car ils savent que, sous leurs pelages et fourrures, ils sont exactement les mêmes.**

Le langage humain présente beaucoup d'avantages, mais il nous a éloignés de la communication naturelle, le langage corporel, lequel est évidemment la méthode dont se servent les animaux. Nous pourrions véritablement apprendre beaucoup de nos amis les animaux, ne serait-ce que nous poser un peu plus souvent la question suivante : «Qui sommes-nous pour décider qui mérite ou ne mérite pas une vie après la mort?» À mon sens, il est de mon devoir de poser cette question, et j'ai écrit ce livre pour cette raison.

Introduction

Mon chien KC m'a récemment dit : «Nous sommes comme vous. Comme les êtres humains», et tel est le message de ce livre. Les animaux sont comme nous dans ce qu'ils ressentent et dans le fait qu'ils sont immortels.

Quiconque possède un animal, de n'importe quelle espèce, et aime son compagnon sait combien la mort de celui-ci peut être traumatisante. Cette perte est aussi éprouvante que celle d'un être humain, ce qui n'est pas surprenant si l'on considère que les animaux nous vouent un type d'amour inconditionnel dont les êtres humains sont incapables. Même un animal qui a été maltraité par son maître pendant toute sa vie continuera à l'aimer et à lui être dévoué.

L'âme de KC s'est réincarnée plusieurs fois, sous la forme de différents corps, dans différentes vies. Pour la plus récente, elle s'était incarnée dans le corps de ma chienne Ace, qui était issue d'un croisement entre un berger allemand et un labrador. Ace était une grosse chienne noire, et quiconque l'a rencontrée au sommet de sa forme ne pouvait pas manquer d'être impressionné par sa beauté ou intimidé par sa puissance, et ces qualités apparaissaient aux gens en fonction de leurs propres intentions. Elle était d'une grande douceur qui l'incitait même à nettoyer et à nourrir les petits agneaux qui avaient été rejetés par leur mère, mais si quelqu'un menaçait de lever la main sur moi ou sur le reste de sa «meute», elle se transformait immédiatement en tigresse.

Cette image est loin de ressembler à ce qu'elle était lorsqu'elle est arrivée chez nous. Elle était, à l'époque, une petite boule pathétique et effrayée de 13 semaines qui manquait de confiance en elle. Son maître précédent l'avait brûlée sur la poitrine et en haut d'une patte, et elle n'avait presque plus de poils à ces endroits. À l'époque, le refuge pour animaux qui l'avait sauvée éprouvait des difficultés à lui trouver un foyer. Les gens n'aimaient pas l'idée de devoir se promener dans la rue avec un chien peureux et ils étaient peut-être inquiets que la responsabilité de ses blessures leur soit attribuée. Des gens avaient essayé de la prendre chez eux, mais ils la trouvaient trop envahissante, trop désespérée, trop effrayée, et ils ne voulaient pas se compliquer la vie. Mais rien de tout cela ne nous a inquiétés. Dès l'instant où cette petite chienne apeurée s'est éloignée de quelques pas de la personne qui l'avait amenée pour venir s'asseoir tranquillement près de moi, comme pour me dire : «Enfin, te voilà!», elle s'était emparée de notre cœur et de notre âme.

Les années qui ont suivi, elle m'a protégée d'un bélier enragé et d'un intrus qui avait pénétré chez nous, et je l'ai sauvée d'un essaim d'abeilles déchainées et d'une noyade dans la rivière. Nous nous faisions confiance. Je me suis demandé, presque dès le début, et encore plus sérieusement au fil des ans, si je pourrais supporter de la perdre. Il est cruel d'avoir des chiens qui ne vivent pas aussi longtemps que leurs maîtres. Lorsque ce fut le cas, ce qui était inévitable, et que nous avons retrouvé Ace sans vie sur le sol de notre salon, je n'ai pas pu endurer cet abîme sans fond que créait son absence dans mon cœur. J'en ai souffert constamment pendant six mois, pleurant tous les jours, sanglotant lorsque ma main tentait d'aller à sa rencontre, pour n'y trouver qu'un espace vide. Je me suis juré qu'on ne m'y reprendrait pas. Je n'aurais plus jamais de chien. De toute façon, je ne voulais pas d'un chien qui n'était pas elle. Et je savais que je ne supporterais pas une autre perte comme celle-là. Je jugeais préférable de ne pas risquer de perdre un être aimé.

Je me trompais. Il est impossible d'avoir trop d'amour dans notre monde, malgré toute la douleur que cela peut provoquer.

Tony et moi nous sommes rendus un jour en Arizona, dans la ville magnifique et mystique de Sedona, pour y passer les premières vacances que nous avions prises depuis bien longtemps. C'est à cet endroit que j'ai vécu ma première séance de voyance, au cours de laquelle le médium est entré en contact avec « un gros chien noir aux moustaches grises » sans que je lui demande quoi que ce soit. Ce fut pour moi une révélation, qui m'a permis de réaliser une vérité des plus importantes. Quand les animaux et leurs maîtres sont unis par un lien tel qu'il transcende presque une relation entre deux humains et qu'il est remarquable au point d'être presque télépathique, ces compagnons sont des étincelles qui font partie de l'âme de leurs maîtres. Ce qui est réconfortant, et qui m'a immédiatement rassurée, est de savoir qu'un être humain et son compagnon ne sont jamais réellement séparés.

Certaines personnes m'ont parlé de l'impression qu'elles ont ressentie d'être légèrement frappées dans la poitrine peu après le décès de leur compagnon et que ce petit coup leur avait permis de s'élever au-dessus de leur spirale de tristesse. Ce «coup» est la sensation qui s'empare d'eux lorsque l'étincelle de leur âme qui résidait auparavant dans leur compagnon revient les habiter. Il s'agit d'une réunion, sur le plan spirituel, qui permet à la personne de se sentir de nouveau complète. Il n'est alors pas étonnant que la peine occasionnée par la perte de notre animal soit si forte et profonde. Une personne dans cette situation a l'impression de perdre une partie d'elle-même, ce qui est exactement le cas.

Le médium m'a également transmis ce que lui disait Ace : «Aujourd'hui je suis jeune de nouveau.» Nous n'en avons pas compris la signification jusqu'à ce que nous rentrions chez nous et que notre attention soit attirée par une portée de chiots. Nés le même jour que celui où j'avais eu ma consultation en Arizona, ces chiots étaient issus d'un croisement entre un épagneul springer anglais et un labrador. Quand nous sommes allés les voir — nous nous sentions poussés à le faire —, nous avons ressenti une impression de «déjà-vu» lorsqu'une petite chienne étrangement calme a commencé à se comporter avec moi de la même façon que l'avait fait Ace lors de notre première rencontre. Quand elle s'est retrouvée dans mes bras et m'a montré son petit ventre rose, j'ai pu voir qu'il lui manquait une mamelle, la même qu'avait perdue Ace lors d'une opération chirurgicale quelques années avant sa mort. Mais ce n'est pas la fin de l'histoire. Quelques semaines plus tard, j'ai reçu par courrier un portrait que l'artiste médium June-Elli Laine avait dessiné selon les directives d'un berger allemand noir croisé avec un labrador, qui lui avait transmis le message suivant : « C'est moi. » Il se trouve que ce portrait était la réplique exacte de la petite chienne que nous venions d'adopter sous le nom de KC. Ace nous était revenue dans un autre corps.

UNE CONVERSATION INCROYABLE AVEC UN CHIEN

Nous avons récemment eu la visite de la communicatrice animalière Jackie Weaver, qui rassemblait des données pour son livre *Celebrity Pet Talking* et qui souhaitait avoir une consultation avec KC. Ce fut une expérience remarquable. Je suis évidemment en mesure de communiquer avec KC sur une base quotidienne, mais avec la voyance, il arrive, lorsque vous êtes trop proche du sujet, que vous ne sachiez pas discerner dans quelle mesure ce que vous savez personnellement influence votre ressenti au moment des questions importantes. Jackie ne connaissait rien de KC, ce qui rendait la situation simple et claire, sans risque de malentendu ou de mauvaise interprétation. Pour moi, le fait que des gens puissent communiquer avec les animaux est une preuve supplémentaire que ceux-ci sont dotés d'une âme. Quand Jackie est venue et m'a montré qu'elle pouvait réellement « parler » avec KC, elle m'a donné une confirmation remarquable de ce que je savais déjà. Jackie a été en mesure de décrire la promenade favorite de KC, d'énumérer les petits noms que je lui donne au quotidien et d'indiquer sur quel siège KC avait fait son dernier somme. Aux yeux des sceptiques, tout cela ne pourrait être que le fruit du hasard. Ainsi, j'ai été ravie lorsque Jackie m'a transmis le message suivant, car je défie quiconque de douter de sa véracité. Elle a demandé à KC si j'avais déjà fait quoi que ce soit qui a pu l'impressionner et si elle trouvait que je me débrouillais bien dans un domaine particulier. KC lui a « répondu » par la pensée qu'elle avait été très impressionnée de me voir déployer de gros efforts pour dessiner des formes précises et autres détails sur ce qu'elle décrivait comme deux cercles lui faisant penser à des espèces de machine, avec, en fond sonore, un bourdonnement permanent. Ce que Jackie ne savait pas, et ne pouvait possiblement pas savoir, est que j'avais passé, le jour précédent, quelques heures à mon ordinateur, pour concevoir une pochette de CD à l'intention de ma grande amie Madeleine Walker (que Jackie ne connaissait pas non plus). Le dessin consistait en un cercle double dans lequel et autour duquel se trouvaient des formes symétriques complexes, telles que des cœurs, des étoiles et des lunes. J'y avais consacré beaucoup de temps et d'efforts, car je tentais cette expérience pour la première fois. KC était restée assise près de moi du début à la fin en m'observant et en écoutant le bourdonnement constant de mon ordinateur. À mes yeux, ce message était une preuve irréfutable de la capacité de Jackie à communiquer avec mon chien.

UN AMOUR POUSSÉ À L'EXTRÊME ?

Certains sceptiques me prennent pour une sorte de fanatique qui se laisse envahir par ses émotions et qui n'est pas raisonnable. Ce n'est pas le cas. J'aime les animaux et je les respecte, tout en reconnaissant quelle place est prévue pour chacun.

Les renards ont beaucoup attiré l'attention ces derniers temps. Certaines personnes considèrent qu'ils font partie de la nature et apprécient leur beauté. D'autres les considèrent comme une menace pour leur vie. Tandis que certains veulent les protéger, d'autres veulent les éradiquer sans merci. Ces derniers sont des gens qui sont envahis par leurs émotions et ont perdu la raison. Il est parfois nécessaire de tuer une autre créature, mais en tirer du plaisir et considérer qu'il s'agit d'une activité sportive ne l'est pas. En ce qui me concerne, j'accepte tous les aspects de la nature du renard, comme je vais vous le démontrer dans les deux récits suivants.

LE CANARD LE PLUS COURAGEUX

Nous avons élevé des canards pendant quelque temps pour leurs œufs, et il nous arrivait de recevoir la visite d'un renard. Un jour, nous nous sommes absentés pendant quelques heures, sans avoir remarqué qu'il y avait un trou dans le grillage. Le renard s'y est faufilé, et, comme vous pouvez l'imaginer, il a tué ou attaqué la totalité des canards. Pour le plaisir? Non. Pour survivre.

Nous nous sommes sentis responsables de la mort des canards, car, honnêtement, nous avions construit un « restaurant rapide » au milieu du territoire des renards (en y installant nos canards), et nous ne pouvions donc pas leur reprocher de vouloir en profiter. J'ai toujours pensé qu'il nous incombait de protéger ces animaux. Nous étions bien sûr perturbés de retrouver l'enclos dépourvu de vie et les cadavres des canards étendus en ligne près du trou du grillage. Mais parce qu'ils étaient morts, nous avons laissé le renard revenir les récupérer, un par un, pour qu'il puisse approvisionner son garde-manger. La seule raison pour laquelle les renards semblent parfois tuer en série avant d'abandonner les cadavres derrière eux — ce qui explique la croyance qu'ils tuent pour le plaisir — est qu'ils sont dérangés. S'ils ne le sont pas, ils ne gaspilleront pas une seule mort.

J'ai dit que le renard avait tué tous nos canards, mais nous avons trouvé un rescapé. Il avait été mordu au cou, et même si le vétérinaire avait réussi à lui sauver la vie, ce dernier ne pouvait rien faire pour les lésions nerveuses qu'il avait subies. Nous avons pensé à l'euthanasier, mais après l'avoir observé un moment, nous n'avons pu nous y résoudre. Il se trouve que ce canard a fait preuve de plus de courage et de détermination que n'importe quel autre animal de ma connaissance. Il essayait de marcher, mais il ne cessait de tomber en arrière à cause des lésions nerveuses de son cou. Sans se décourager, il se remettait encore et toujours sur ses pattes, sans jamais abandonner. Comment ne pas lui donner une chance ? Par miracle, il a progressivement retrouvé son équilibre pendant des périodes de plus en plus longues, et quelques semaines plus tard, il ne lui restait qu'un léger torticolis pour témoigner de sa blessure. Il m'a beaucoup appris sur la persévérance, et je n'en ai jamais voulu au renard, car ses intentions n'avaient rien de cruel.

SAUVER MONSIEUR RENARD

Quand nous nous sommes installés dans le Somerset il y a quelques années, nous avons voulu nous assurer de ne pas être au beau milieu d'un territoire de chasse. Sur les terrains alentour, la chasse n'était pas permise, que ce soit avec un chien ou une arme. Nous n'aurions donc pas à être les témoins de quelque atrocité, du moins c'est ce que je croyais.

Un mardi après-midi, j'étais assise dans la serre, pensant combien il était amusant que tous les faisans semblaient vouloir se rassembler dans notre jardin. Tony, mon mari, a toujours estimé que c'était moi qui les attirais. On entendait des armes à feu au loin, assez loin pour que ces oiseaux fussent en sécurité dans le village. Pourtant, ils venaient chaque jour par dizaines, mâles et femelles. Selon Tony, ils étaient attirés par les ondes de mes pensées et savaient qu'ils seraient en sécurité près de moi. Peut-être avait-il raison, puisqu'un paon est apparu ensuite, dans ses plus beaux atours, suivi, étrangement, par deux poules d'eau, même si nous n'avions pas d'étang dans le jardin !

Mais revenons à ce mardi précis. J'entendais au loin un son étrange et, au bout d'un moment, nous avons pensé qu'il s'agissait d'un cor de chasse. Cependant, nous n'avions pas repéré de chevaux ni de cavaliers, et notre maison se trouvait suffisamment en hauteur pour en conclure que le bruit prenait sa source à des kilomètres de chez nous. Les chasseurs pouvaient être à cette distance, mais il se trouve que leurs chiens ne l'étaient pas. De nos jours, les chasseurs doivent se cantonner à certaines zones, car la chasse a, très justement, été interdite, mais les chiens ne suivent pas toujours la bonne piste et se retrouvent sur des terres protégées. Il est bien connu que les chiens de chasse sont difficiles à contrôler lorsqu'ils suivent une odeur, et leurs maîtres ne peuvent pas toujours les remettre sur le bon chemin. À cet égard, je pense que la loi devrait être plus stricte.

Le premier signe de la présence d'un problème m'est apparu lorsque j'ai entendu clairement par télépathie la voix d'un renard particulièrement effrayé. Il hurlait de terreur. Je me suis immédiatement levée.

— Quoi ? m'a demandé Tony.

— C'est un renard... Ils ont attrapé un renard, lui ai-je répondu. Allez, viens !

Je me suis précipitée à l'extérieur, suivie par Tony. Mais nous ne voyions rien. Puis, nous avons entendu des chiens de chasse se rapprocher en aboyant.

Je me suis vite adressée au renard par télépathie : « Viens ici mon garçon, viens ici. » Je sentais qu'il s'agissait d'un mâle plutôt imposant.

— Il arrive !, me suis-je écriée, en courant vers le bas de notre jardin, qui s'étendait sur un hectare environ. Tony m'a suivie.

En l'espace d'une minute, le renard a surgi de la haie pour venir se mettre face à nous, haletant. En regardant plus loin, j'ai vu un buisson épais. Après avoir reçu mon message, le renard a grimpé jusqu'à nous et traversé ce buisson.

En l'espace d'une minute, une vingtaine de chiens de chasse a déferlé dans le jardin. Tête baissée et sans nous porter attention, ils se sont mis à traverser le jardin en direction du buisson. Les chiens de chasse sont imposants, et être entouré d'une vingtaine de chiens, quelle que soit leur race, est toujours impressionnant. Je me suis interposée entre eux et le renard. Pourtant, nous n'avions aucune chance de les arrêter par notre seule force physique. Ils étaient si nombreux et si concentrés sur leur proie qu'ils n'auraient pu remarquer aucun de nos gestes.

Il n'y avait qu'une issue possible. D'une seconde à l'autre, ils allaient trouver le renard et le réduire en miettes. J'ai donc fermé les yeux en imaginant que je pénétrais dans leurs esprits. Puis, je les ai visualisés rebroussant chemin. La pression occasionnée par une telle concentration me donnait mal à la tête. Soudainement, j'ai senti qu'un déclic se produisait dans leurs esprits et j'ai ouvert les yeux. Ils ont alors fait demi-tour et traversé la haie pour se retrouver sur le terrain voisin. Mais nous n'étions pas encore tirés d'affaire. Je devais continuer à me concentrer pour retirer l'odeur du renard qui subsistait encore sur la haie, ce qui m'a pris une quarantaine de minutes. Pendant ce temps, les chiens tournaient en rond sur le terrain du voisin, se demandant où leur curée avait bien pu passer.

Au bout d'un moment, alors que tout ce travail de concentration m'avait épuisée, nous avons entendu le bruit d'un cheval remontant la route à un rythme rapide. C'était probablement le chasseur qui cherchait ses chiens, car il soufflait dans son cor à en perdre haleine. Les chiens ont donc répondu à l'appel et lâché leur piste. Dix minutes plus tard, monsieur Renard a trouvé le courage de quitter sa cachette pour reprendre la route. Au moment de nous quitter, il nous a gratifiés d'un regard de remerciement.

LE MONDE SECRET DES RENARDS

À l'époque où je travaillais pour la chaine Taunton TV, un de mes grands plaisirs était de tourner des émissions au Secret World Wildlife Rescue Centre, qui est un refuge pour la faune. Lors d'une de nos visites, il m'a fallu être filmée à l'intérieur de l'enclos de renards. Ils étaient six : certains avaient été amenés par des gens malavisés qui avaient essayé de les domestiquer et d'autres avaient été trouvés blessés et soignés au refuge, mais ils n'avaient pas suffisamment récupéré pour pouvoir retourner à la vie sauvage. Alors que j'étais assise dans l'enclos depuis quelques minutes, les renards se sont rassemblés autour de moi, et une femelle a passé plusieurs minutes à mettre son odeur sur moi en frottant sa tête sur la mienne. Le gardien du refuge m'a expliqué plus tard que par ce geste elle faisait de moi un membre de sa famille. Je me suis sentie extrêmement honorée d'être acceptée de cette façon, et vous pouvez voir un vidéoclip de cette expérience sur mon site Web. Au cours de mes tournages au refuge Secret World, j'ai également eu la chance qu'une effraie des clochers vienne se poser sur mon épaule, qu'une chauve-souris se réfugie sous mon pull-over pour être au chaud et qu'un groupe de furets recouvre mon corps de la tête aux pieds!

L'INSTINCT DE RETOUR DU PONEY

Quand j'étais petite, je rêvais d'avoir un poney, mais il m'a fallu attendre d'être dans la vingtaine pour que mon vœu se réalise. Les enfants et les animaux peuvent être unis par un lien spécial s'ils s'aiment réciproquement, et j'ai eu plusieurs occasions de le vérifier. Mon père connaissait un homme qui vivait à une dizaine de kilomètres de chez nous. C'était un être à l'état brut, qui travaillait avec la ferraille, et il y avait toujours un ou deux poneys autour. Un jour, il m'a permis de monter celui qu'il avait appelé Jigsaw. Il était très beau, avec sa robe gris-bleu, et il était petit, mais très fort et dynamique. Je l'aimais beaucoup, et nous avons créé un lien entre nous, mais je ne le montais que depuis quelques semaines lorsque son propriétaire m'a appelée pour m'apprendre une triste nouvelle : Jigsaw s'était échappé de son enclos et était disparu. Il était très étrange qu'un poney puisse s'éloigner de son foyer, mais tel était pourtant le cas. J'ai réussi à persuader mon père de m'emmener en voiture faire le tour du voisinage dans l'espoir d'y retrouver Jigsaw, en vain. La police avait été informée du problème, mais personne n'avait rien vu. C'était un vrai mystère. Quelques jours plus tard, alors que je me promenais, je me suis retrouvée près d'une cour située à l'arrière d'un café, à environ 500 mètres de chez moi. Par le portail ouvert, j'ai aperçu deux hommes qui essayaient d'encercler un poney. Je n'en croyais pas mes yeux : c'était Jigsaw ! M'ayant vue les observer, un des hommes m'a demandé si j'avais entendu parler de quelqu'un qui aurait perdu un poney. Ils ont eu du mal à me croire lorsque je leur ai expliqué que ce poney venait d'une ville située à une dizaine de kilomètres de là. Pour arriver jusqu'ici, il avait dû traverser deux grandes routes et se frayer un chemin sur des hectares de terrains forestiers et de fermes. Le fait qu'il avait pour ainsi dire atterri dans mon jardin, sans que personne le voie, était vraiment étrange. L'agitation qu'il avait manifestée avec les deux hommes qui essayaient de l'attraper a disparu dès qu'il m'a vue m'approcher de lui, et il a accepté avec docilité que je lui mette un collier. Pourquoi s'était-il enfui ? Comment était-il arrivé là ? Était-il parti à ma recherche ? Je crois vraiment que oui.

ASHLEY LE PAON

Lorsqu'un paon a atterri dans notre jardin sans crier gare, nous avons été impressionnés par sa beauté. Récemment, une personne en visite chez nous a trouvé que la présence d'un paon dans notre jardin était étrange, et nous avons appris qu'il était porteur d'un message. Cette personne était Jo Philips, une journaliste de la BBC. Elle m'a fait remarquer au cours de sa visite qu'il était «rafraîchissant» de rencontrer une auteure qui renouvelait toujours ses écrits. Selon elle, certains semblaient écrire encore et toujours les mêmes choses. J'ai beaucoup apprécié ce compliment sur mon travail. Plus tard, elle m'a envoyé un courriel pour me dire qu'elle s'était renseignée sur la symbolique du paon :

Le paon incarne certaines des qualités humaines les plus admirées et auxquelles la plupart d'entre nous aspirent. Il est un symbole d'intégrité, et sa beauté nous révèle ce que nous pouvons nous aussi atteindre lorsque nous persévérons et que nous montrons nos vraies couleurs. Dans d'autres cultures, le paon symbolise la noblesse, l'honneur, la direction, la protection et la vivacité.

Jo Philips m'a confié, avec une grande gentillesse, que ce symbole animal correspondait tout à fait à notre maison et à ce que nous étions.

Cette conversation a été importante pour moi et m'a rappelé certains messages essentiels. Comme je l'ai dit, ce paon était apparu un jour dans notre jardin. Progressivement, il est devenu de plus en plus docile avec nous et avec KC, laquelle avait très vite compris que cet animal n'était pas à considérer comme un intrus et qu'il ne la gênerait pas. Nous l'avons rapidement baptisé Ashley, en nous inspirant du personnage d'Ashley Peacock[3] dans la série *Coronation Street*, et il a dû approuver ce choix, car il y a immédiate-

---

3. N.d.T. : Peacock signifie «paon» en anglais.

ment répondu. Même s'il passe beaucoup de temps dans notre jardin, c'est aussi un esprit libre capable de partir à n'importe quel moment, et cet aspect de sa personnalité a constitué pour moi un message important. J'écris régulièrement pour des magazines, et mes articles sont accompagnés d'une certaine dose de pression (échéanciers, dates de tombée) et d'importantes responsabilités. J'ai souvent remarqué que les voyants de toutes sortes qui font des apparitions télévisées subissent une incroyable pression pour être efficaces, et ayant moi-même travaillé pour la télévision pendant deux ans, je comprends les aléas des échéances et l'aspect commercial des médias. Il doit parfois être difficile de forcer les choses, d'être efficace sur demande, car le fait est qu'à la télévision, le temps, c'est de l'argent. Ce paon me rappelle que je dois conserver mon intégrité en tout temps et que les modestes dons que je possède pourraient très bien disparaître aussi vite qu'ils sont arrivés. À l'image de la légende des corbeaux avec la tour de Londres, je sais que, si mon paon m'abandonnait, ma chute ne pourrait être que le résultat de mes propres actes. On m'aura avertie !

Il me faut ajouter quelque chose à ce chapitre. Nous sommes actuellement en travaux de construction, et, comme c'est toujours le cas lorsqu'il y a du bruit chez nous, Ashley est parti ailleurs. Cependant, une semaine après son départ, nous n'avions toujours pas entendu parler de lui. Habituellement, même s'il n'est pas dans notre jardin nous l'entendons «criailler» au loin, mais ce n'était pas le cas cette fois-ci. Parce que c'est un esprit libre, nous n'avons rien à dire sur l'endroit où il décide d'aller. Ne sachant pas s'il avait pu traverser la route sans être blessé ni s'il avait été malmené par un prédateur, un autre animal ou un être humain, nous étions de plus en plus inquiets à mesure que les jours passaient et qu'il ne donnait toujours pas de signe de vie. Une nuit, je me suis réveillée à 4 h tellement j'étais inquiète, et je me suis mise à ruminer sur ce qui avait pu lui arriver et sur la façon de le découvrir. Nous avions déjà parcouru la route plusieurs fois pour nous assurer que son corps ne gisait pas au bord de la chaussée. Mais, comme c'est le cas lorsque les « démons de la nuit » frappent, je me suis sentie très mal. Soudainement, je me suis dit en moi-même : « Pourquoi ne pas lui parler ? » Et j'ai commencé à l'appeler dans mon esprit en lui demandant de me donner un signe pour m'assurer qu'il allait bien — et de m'en envoyer également un dans le cas contraire. Réveillé par mon agitation, Tony s'est levé à 5 h. Immédiatement après, je l'ai entendu me crier depuis la cuisine : « Ashley est sur la terrasse ! » J'étais tellement soulagée ! Ce jour-là, il ne nous a pas quittés, observant avec attention la progression des travaux et examinant les casse-croûte des ouvriers vers midi, puis il s'est éloigné avec grâce, sa longue queue glissant sur le sol, telle la traîne d'une mariée. Cette fois-ci je ne m'inquièterai pas s'il ne revient pas tant que les travaux ne sont pas finis, car je sais qu'il peut « m'entendre ».

Ma conviction est que les animaux sont tout aussi importants que nous. Quand nous éradiquons une espèce d'animaux, volontairement ou non, il nous est impossible de savoir quelles en seront les conséquences sur les êtres humains à long terme. Notre planète, notre écosystème et notre mode de vie sont très fragiles. Nous en perturbons l'équilibre à notre propre péril. Prenons l'exemple des abeilles. Sans leur capacité de pollinisation, la clé de voute de l'humanité pourrait bien s'effondrer, et pourtant, nous attribuons peu d'importance à leur déclin. Je suis également extrêmement attristée et perturbée par le nombre croissant d'enfants perpétrant des actes de violence. Je suis intimement convaincue que si les enfants étaient éduqués dans l'idée de respecter les animaux et d'en prendre soin, ils deviendraient des gens bien qui s'intéressent aux autres. Je pense que chaque enfant devrait avoir un animal de compagnie, mais surtout qu'il devrait apprendre à s'en occuper et comprendre que toutes les créatures vivantes peuvent ressentir de la souffrance et de la peine. Les animaux pourraient en apprendre beaucoup aux humains sur la spiritualité.

Mais interroge donc les bestiaux, ils t'instruiront,
les oiseaux du ciel, ils t'enseigneront.

JOB 12, 7

CHAPITRE 1

Espèce de chien stupide !

Les êtres humains ont-ils le droit de dire à un animal qu'il est stupide ? Les animaux sont-ils aussi spirituels, voire plus, que nous le sommes ? Histoires d'animaux venus en aide à des espèces différentes de la leur.

Depuis longtemps, l'homme tente de rétablir le dialogue avec les animaux en essayant d'enseigner le langage des signes et les bruits humains aux singes, aux dauphins et à d'autres espèces animales. Pourquoi ? Pourquoi veulent-ils leur faire gravir une montagne à reculons ? Les animaux ne possèdent pas les capacités mentales et physiques nécessaires au langage humain, alors pourquoi essayer de les forcer ? Si les humains sont si intelligents qu'ils le disent, ne seraient-ils pas plus sensés s'ils apprenaient le langage des animaux ?

LEE « STANDING BEAR » MOORE
(par l'intermédiaire de son ami Takatoka)

QUI EST VRAIMENT STUPIDE?

Il est malheureusement courant d'entendre des gens qui éprouvent des difficultés avec le comportement de leur animal leur crier : « Espèce de chien/chat/cheval stupide ! », ou d'autres invectives tout aussi désagréables. Le problème est que les gens traitent les animaux comme si ces derniers comprenaient le langage, les priorités et les désirs humains. Or, même s'ils n'ont pas notre personnalité ou nos capacités humaines, cela ne fait pas d'eux des êtres stupides ! Un cheval est un cheval très intelligent, un chien est un chien très intelligent, un chat est un chat très intelligent, et ainsi de suite. Il ne fait aucun doute que les êtres humains sont très intelligents... pour des êtres humains. Il ne serait d'aucun intérêt pour les animaux d'avoir un cerveau leur permettant de faire fonctionner un ordinateur, car ils n'en ont aucun besoin ni désir. À l'inverse, essayez de laisser un être humain au beau milieu du désert pour qu'il repère une oasis avec son flair, et il agira sans aucun doute en animal stupide ! Les animaux n'ont pas perdu comme nous le sens de l'odorat dont Dieu les a dotés et ils peuvent facilement trouver de l'eau en se basant sur les odeurs caractéristiques de la terre et les microorganismes qui s'y mélangent. Un animal peut-il vous donner la formule chimique de cette odeur comme un chimiste en serait capable ? Non. Mais ce même chimiste aurait-il la capacité de déceler, dans un vaste espace naturel, toutes les odeurs qu'il est en mesure d'énumérer ? Non.

Alors, lequel est intelligent, et lequel est stupide ? La réponse est : aucun. Ils sont tous deux intelligents à leur façon ! Le monde serait meilleur si nous acceptions et valorisions les différences qui existent entre les espèces, au lieu de nous limiter à des comparaisons.

L'utilisation d'outils est considérée comme le signe d'une grande capacité de raisonnement. Tout le monde sait que les singes se servent d'outils, comme des pierres pour casser des coquilles ou des bâtons pour sortir des termites de leur trou, mais les dauphins ont également appris à mettre un morceau d'éponge de mer dans leurs narines pour éviter que leur nez soit égratigné sur le plancher sous-marin lorsqu'ils le longent pour y trouver de la nourriture. Ils ont pris cette habitude il y a quelques années, ce qui signifie qu'il s'agit d'un comportement appris, autre signe d'une grande intelligence.

Récemment, l'Université de Vienne a effectué, avec des chiens, des expériences portant sur la conceptualisation abstraite. Jusque-là, cette compétence n'était attribuée qu'aux primates. Deux chiens ont été mis face à un écran tactile, et ils ont rapidement compris que, s'ils choisissaient l'image d'un chien au lieu d'un paysage, ils recevaient une récompense. Non seulement ils ont réussi le test, mais aussi ils ont été capables, lorsqu'une image de chien se superposait sur celle d'un paysage, de choisir celle du chien en appuyant dessus avec leur museau.

Il a été prouvé que les chimpanzés étaient très intelligents, mais de nouvelles expériences menées à Kyoto ont en outre révélé qu'ils battaient les humains dans le domaine de la mémoire à court terme. Ces chimpanzés l'ont démontré en se souvenant d'une séquence de nombres qui ne leur avait été montrée qu'une seconde, ce que les cobayes humains n'ont pas été en mesure de faire.

Les perroquets sont très intelligents sur plusieurs plans. Ils peuvent classer des objets par couleur, et non seulement répéter le nom d'un objet, mais aussi le faire correctement, tout en étant capables de l'identifier, ce qui prouve une intelligence cognitive. Ils sont également capables de résoudre des énigmes, ce qui démontre qu'ils comprennent la relation de cause à effet. Des perroquets ont même appris à enchaîner une phrase complète.

D'une manière générale, les oiseaux font souvent preuve d'une grande intelligence. Le paon de notre village me fascine tous les jours. Il passe toujours les quelques heures qui précèdent la nuit dans notre jardin, puis il part juste avant que l'obscurité tombe pour aller dormir dans un jardin voisin. Il se hisse d'abord sur notre toit, se déplaçant avec lourdeur, comme s'il portait des bottes cloutées, puis il redescend en volant dans le jardin de devant. Il s'arrête au portail, inclinant sa tête d'un côté à l'autre, à l'affût du moindre bruit. La plupart du temps, nous n'entendons rien, mais s'il ne s'engage pas sur la route, on peut être assuré qu'une voiture, ou encore un cycliste ou des piétons (que nos oreilles d'humains n'ont pas entendus) sont sur le point de faire leur apparition. Lorsque la voie est libre, il traverse la route pour aller se coucher. Le premier jour de nos travaux de construction, il semblait être en patrouille autour de la maison et inspectait toutes les zones en travaux. Un jour, il a même pénétré dans la maison, par une entrée dont la porte avait été retirée, pour voir ce qui s'y passait.

RONGEUR OU SAUVETEUR?

De nombreuses personnes frémissent à l'évocation d'un rat. Certains n'aiment pas leur queue recouverte d'écailles, leurs griffes acérées ou leurs yeux globuleux. Je n'ai jamais eu ce ressenti. Cette pauvre créature a également été accusée d'avoir répandu la peste, alors que les vraies responsables sont les puces dont elle était couverte. Je reconnais qu'il est important d'en limiter le nombre dans la nature, car ils peuvent en effet transmettre des maladies par leur urine s'ils sont infectés et ils vivent près de nous, mais j'insiste pour que ce contrôle soit fait humainement. Je suis sûre qu'il existe un moyen de dissimuler dans leur nourriture un médicament permettant de limiter leur reproduction, domaine dans lequel ils sont très efficaces!

S'ils sont dressés, les rats peuvent être de merveilleux animaux de compagnie. Ils sont intelligents, affectueux et physiquement sains, s'ils sont bien entretenus. Quoi qu'il en soit, aujourd'hui, certaines populations de rats se sont refait une image aux yeux de nombreux hommes en contribuant à sauver des vies humaines, et je ne parle pas ici des horribles expériences de laboratoire!

Je parle des rats géants du Mozambique. De la taille d'un gros chat, ces rats ont été dressés pour détecter avec leur odorat la présence d'explosifs létaux pouvant être dissimulés sous le sol, dans des mines terrestres, et laissés là lors d'une des nombreuses guerres que les humains se sont livrées. On envisage également d'utiliser ces rats dans d'autres pays où des résidus dangereux sont présents. Leurs dresseurs, qui les considèrent comme intelligents, sociables et sensibles, les apprécient beaucoup. Le nez de ces rats géants est bien plus sensible que tous les détecteurs de vapeur mécaniques actuels et ils peuvent détecter la moindre odeur dégagée par le TNT ou par un autre explosif. Parce qu'ils sont plus légers que les êtres humains, ils ne déclenchent pas les explosifs, qui peuvent alors être désamorcés en toute sécurité pour être ensuite retirés du sol. Un seul rat peut couvrir une surface de 100 mètres carrés en 30 minutes environ, ce qui prendrait une journée à un être humain et l'exposerait à un grave danger. Des chiens ont déjà été utilisés pour cette tâche, mais ils sont suffisamment lourds pour risquer de déclencher les explosifs. Les rats sont conditionnés pour gratter dans le sol dès qu'ils détectent l'odeur suspecte. Des gens ont demandé au dresseur pourquoi les rats, qui reçoivent une récompense quand ils grattent le sol, n'en profitent pas pour le faire plus souvent, même s'ils ne détectent rien, et celui-ci leur a répondu : « Ce serait un comportement humain. Or les rats sont plus honnêtes. »

À l'inverse, n'est-il pas horrible de penser que certains animaux, comme les chiens et les dauphins, soient dressés pour tuer et non pour sauver des vies ? Les humains sacrifient des animaux en accrochant des explosifs à leur corps et en leur apprenant à courir ou à nager pour se faufiler sous l'équipement des forces ennemies. Les choses ont toujours été ainsi pendant les guerres. L'homme a toujours fait preuve de cruauté envers ses frères animaux.

TROUVER LE CHEMIN DU FOYER

Soi-disant grâce à leur capacité presque surnaturelle à retrouver le chemin de leur foyer à partir de n'importe quel endroit, et parfois à une distance de plusieurs centaines de kilomètres, les pigeons voyageurs sont plus surprenants qu'on peut l'imaginer. Dans le cadre de différentes expériences, certains ont été anesthésiés avant d'être déplacés pour qu'ils ne disposent d'aucun repère. Au XVIe siècle, ils étaient déjà utilisés pour transporter des lettres et des messages importants dans des pays comme la Grèce et la Chine. Au XIXe siècle, Paul Reuter s'en est même servi pour avoir un accès plus rapide à la bourse de Bruxelles, en Belgique, et d'Aix-la-Chapelle, en Allemagne. En Inde, la police n'a interdit que récemment leur utilisation pour transporter des messages sur ce vaste continent. Même blessés par des armes à feu, les pigeons parvenaient à livrer des messages importants pendant la Première Guerre mondiale.

Quand on y pense, il est véritablement surprenant que les oiseaux migrateurs parviennent à trouver leur chemin autour du monde sans avoir besoin de cartes ou de boussoles. Leur intelligence est peut-être entièrement différente de la nôtre, mais qui sommes-nous pour dire lequel est le plus intelligent?

QUE CONTIENT UN PRÉNOM?

Voici l'histoire d'Alice Jean.

Quand j'étais enceinte de mon premier enfant, je me suis acheté un livre de prénoms, comme le font la plupart des futures mamans. Jusque-là, je ne m'étais jamais interrogée sur la signification des prénoms. En plus de choisir les prénoms de mes quatre garçons dans ce livre, j'en ai recherché la signification. « C'est un sujet tellement intéressant », me suis-je dit. À une époque, les noms de famille n'existaient pas, et il a donc fallu en inventer pour distinguer un Jean d'un autre. Puis, on rajoutait à la suite la nature de leur commerce, leur titre ou leur lieu de résidence.

Un jour, mon mari, mes quatre fils et moi-même sommes partis vivre à la campagne pour élever des chèvres inscrites au contrôle laitier. Elles devaient évidemment avoir des noms pour leurs documents d'inscription, et j'ai donc, une fois de plus, acheté un gros livre de prénoms pour m'amuser à choisir les magnifiques prénoms de filles que je n'avais pas pu utiliser pour mes enfants, qui étaient tous des garçons.

Parce qu'il est important d'être proche de ses chèvres laitières pour qu'elles deviennent dociles en grandissant, nous avons pris l'habitude de les prendre individuellement dès leur naissance pour leur dire quel nom avait été choisi pour elles. Il a été surprenant de constater avec quelle rapidité elles ont appris, en grandissant, à répondre à leurs noms. Il n'a jamais fait aucun doute qu'elles connaissaient leurs prénoms et ne se sont jamais trompées.

Il m'arrivait d'en appeler une Patricia parce qu'elle était née vers le jour de la Saint-Patrick, Esther si elle naissait vers Pâques[4], ou Noelle si elle naissait autour de Noël. Cette méthode a bien fonctionné, jusqu'au jour où j'ai voulu donner à l'une d'entre elles le nom de Josie. J'avais fait ce choix parce qu'elle était née au mois de mars, le jour de la Saint-Joseph. Mais elle n'était de toute évidence pas de mon avis. Lorsqu'elle me

---

4. N.d.T. : Pâques se dit Easter en anglais.

regardait, je lui lançais : «Salut Josie!», et elle tournait immédiatement la tête de l'autre côté. Si je la prenais dans mes bras en répétant son nom, sa tête se détournait tellement vite de moi que cela en était presque comique. Mon mari m'a donc suggéré de lui trouver un autre nom. Après mûre réflexion, j'ai choisi Gracie Jo. La première fois que je l'ai appelée par ce nom, elle s'est mise à courir vers moi. Incroyable!

Je suis la première à dire à qui veut bien l'entendre que le nom qu'on donne à votre animal importe peu tant qu'il est prononcé avec amour. Les animaux comprennent les émotions plus que les mots. Pourtant, ils sont également réceptifs aux tonalités ou aux sons transportés par les noms, et peut-être est-ce aussi notre cas. Gracie Jo est la seule de mes chèvres qui a eu cette réaction.

Cette expérience est inhabituelle, car les animaux ne se donnent pas de nom, étant donné qu'ils se reconnaissent à leur apparence, à leur odeur, à leurs bruits, et, bien évidemment, à leur énergie. Mais il semblerait que, au même titre que les humains, les animaux aient aussi leurs petites faiblesses.

LE CHIEN QUI NE VOULAIT PAS SE TRANSFORMER EN HOT DOG[5]

La presse nationale des États-Unis a récemment relaté l'histoire de Max, un labrador couleur chocolat âgé de 11 ans. Sa maîtresse avait emmené Max dans la voiture pour faire quelques courses, mais, de retour à la maison, elle avait oublié qu'il était là et l'avait laissé par erreur dans la

5. N.d.T. : Chien chaud.

voiture. C'était une chose qu'elle n'aurait habituellement pas faite, d'autant plus que la température était particulièrement chaude dehors. Occupée par différentes tâches, elle en a complètement oublié Max. Environ une heure plus tard, un klaxon de voiture a interrompu son nettoyage. Après avoir regardé par la fenêtre et ne voyant rien de particulier, elle s'est remise à la tâche. Un peu plus tard, un autre coup de klaxon a attiré son attention, car elle a compris cette fois-ci qu'il venait de sa voiture. En se rapprochant, elle a découvert que Max était assis à la place du conducteur, la patte posée sur le klaxon. Honteuse, elle s'est précipitée pour sortir son chien de la voiture. Plus tard, son vétérinaire lui a confié que son chien s'était, sans aucun doute, sauvé la vie en ayant l'idée d'attirer l'attention avec le bruit du klaxon. Ce comportement démontre clairement une compréhension du rapport cause à effet.

Voici maintenant une histoire d'animaux de guerre relatée par Margaret par l'intermédiaire de Julie, qui lui a rendu visite de ma part dans la résidence où elle habite désormais.

DU COURAGE

Margaret Barker est une femme très spéciale. Bien qu'elle soit âgée et de santé fragile, elle a tenu à raconter son histoire. Margaret a commencé à s'intéresser au sort des animaux pendant la guerre, il y a de nombreuses années, lorsqu'elle a fait la connaissance de Joey, un des rares chevaux qui n'avaient pas perdu la vie sur les horribles champs de bataille de la Première Guerre mondiale. Il était âgé d'environ 30 ans, ce qui est vieux pour un cheval, quelles que soient les circonstances. À l'époque, Margaret avait sept ans, et Joey est rapidement devenu son ami. Pendant un certain temps, Margaret n'a pas compris pourquoi ce cheval bai s'emballait lorsqu'il entendait des détonations ou des bruits aigus. En outre, même s'il s'emballait, Margaret n'avait jamais peur, car elle sentait qu'en se mettant à courir, Joey pensait la protéger. Bien sûr, aux oreilles de ce pauvre cheval, ces bruits signifiaient «Cours pour sauver ta vie», et son cavalier, qui était un soldat, l'avait certainement dressé pour réagir ainsi face aux coups de feu et aux explosifs.

Margaret a aimé Joey dès qu'elle l'a vu, et même s'il est mort il y a de nombreuses années, elle sait qu'il est toujours là et qu'il continue, après tout ce temps, à prendre soin d'elle.

Ayant vécu la Seconde Guerre mondiale, Margaret a pris conscience des sacrifices de tous ces hommes, mais elle n'a jamais oublié le prix que Joey, ainsi que des millions d'autres comme lui, a dû lui aussi payer. Elle se rappelle avoir retrouvé un livre contenant des images sur la Première Guerre mondiale, dont certaines illustraient des animaux morts sur le front. C'est à cette époque qu'elle en est venue à penser que les animaux devaient, eux aussi, être commémorés le jour de l'Armistice, au même titre que les soldats qu'ils servaient et avec lesquels ils sont morts.

Il était incroyable de voir quel effet Joey avait encore sur Margaret après toutes ces années. Elle a perdu la vue il y a 17 ans et elle m'a souvent demandé si je pensais qu'elle la recouvrerait dans l'Autre monde. Je lui ai répondu que j'en étais convaincue et que j'étais encore plus convaincue que le premier esprit qu'elle y verrait serait celui de Joey — ce à quoi elle m'a répondu avec un sourire : «Dans ce cas, je suis prête.» Malgré sa cécité,

Margaret n'a jamais perdu de vue Joey, pas plus que les images du livre ou de sa quête pour que ces animaux soient commémorés.

Ils aiment inconditionnellement/Servent sans contester/Ont une confiance illimitée/Dépourvus de malice, fiables, loyaux et protecteurs/Ils travaillent, jouent, partagent, se battent et meurent avec nous et pour nous, et ils enrichissent notre vie/Réclamant peu en retour, ce sont les animaux/Oh, si l'homme pouvait vivre selon les mêmes dogmes !

Quand j'étais enfant, j'adorais tous les films et émissions télévisées qui parlaient d'animaux : *Les aventures de Champion, Fury, Rintintin,* etc. J'appréciais particulièrement les films de cowboys, car les chevaux étaient mes animaux préférés. Au début, j'ai également regardé des films de guerre, mais j'ai progressivement ressenti une répulsion pour le sort qui les attendait chaque fois. Ainsi, lorsque j'ai pris connaissance de la quête menée par Margaret pour reconnaître le rôle des animaux pendant les guerres, je me suis ralliée à sa cause avec bonheur, et j'organise depuis, chaque année, une cérémonie de dépôt de gerbes au monument aux morts de ma ville pour leur rendre honneur.

Je suis très heureuse qu'il existe aujourd'hui des règles concernant l'utilisation des animaux dans les films, et les compagnies cinématographiques doivent prouver qu'aucun animal n'est blessé pendant le tournage. J'aurais de loin préféré les voir, dans les vieux films, faire des culbutes maîtrisées qui leur ont été enseignées plutôt que de véritables chutes particulièrement douloureuses.

Je me rappelle que mon neveu s'est moqué de moi un jour où nous regardions une fiction, parce que j'étais bouleversée en voyant ces gens qui étaient emprisonnés dans une pièce dépourvue d'oxygène et qui allaient mourir d'asphyxie. Ce film était une métaphore, ce qui aurait été intelligent s'il n'avait pas été tourné avant que l'animation par ordinateur n'existe. En effet, il montrait un aquarium renversé et un poisson étendu sur le sol en train de mourir par manque d'air, à l'image des personnes emprisonnées. J'avais de la peine pour ce pauvre poisson, et mon neveu m'a lancé en riant : «Je parie que tu te fais plus de souci pour le poisson que pour les gens!» J'ai dû lui expliquer que les gens n'étaient que des acteurs, tandis que le poisson n'en était pas un.

Ceci étant dit, je suis réconfortée par les progrès qui ont été faits pour conscientiser le public sur les merveilleux services que les animaux ont rendus à l'humanité pendant les différentes guerres. Steven Spielberg a produit une version cinématographique de la pièce de théâtre *War Horse*, au succès incroyable, qui est sortie dans les cinémas en 2011[6]. Il relate l'histoire d'Albert et de son cheval (étrangement appelé Joey, lui aussi). Joey est vendu à la cavalerie et envoyé dans les tranchées de la Première Guerre mondiale. Même s'il est trop jeune pour s'engager dans l'Armée, Albert part en France pour sauver son ami. Cette histoire a été racontée pour la première fois par Michael Morpurgo, dans son livre *Cheval de guerre*.

En 2004, une magnifique sculpture a été dévoilée sur le grand axe londonien de Park Lane. Représentant un cheval et un chien grandeur nature, elle est un hommage puissant

---

6. N.d.T. : Ce film porte le titre français de *Cheval de guerre*.

et émouvant à tous les animaux qui ont servi, qui ont souffert et qui sont morts au cours des guerres et des conflits du XXᵉ siècle.

CHAPITRE 2

Fidèles pour l'éternité

Animaux qui reviennent de la mort
pour rendre visite à leurs maîtres

*De nombreuses personnes pensent
que les animaux ne sont pas spirituels — qu'ils ne
possèdent ni âme ni esprit. La plupart croient que les
animaux sont moins intelligents que les humains, qu'ils
sont sauvages et dépourvus de conscience et
d'aptitudes sociales. Ce n'est pas vrai.*

Lee «Standing Bear» Moore
(par l'intermédiaire de son ami Takatoka)

Ce chapitre sera pour moi un des plus agréables à écrire.
Depuis la publication de *Pets Have Souls Too*, j'ai reçu de
nombreux récits portant sur la fidélité des animaux. Cela
me réchauffe toujours le cœur de lire les histoires de ces
animaux qu'un lien tellement profond unit à leurs maîtres
qu'il ne peut pas être brisé par la mort et qui leur sont, en
effet, fidèles pour l'éternité.

FIDÈLE SHADOW

Commençons par l'histoire d'Emma.

Une semaine après la mort de mon cher golden retriever, Shadow, qui était aussi mon meilleur ami, je me suis rendue au château d'Oxford avec un groupe ésotérique. Shadow ressemblait en tous points au chien qui fait la couverture de votre premier livre, ce qui m'a incitée à penser que je devais le lire ! La mort de Shadow a été subite. Lors d'une opération de routine, son vétérinaire a trouvé de nombreuses tumeurs inopérables, et c'est avec le cœur gros que ma famille a décidé de ne pas le retenir parmi nous. Je n'étais pas avec eux, car je travaillais dans un magasin ce jour-là. J'étais seule lorsque j'ai senti la présence d'un esprit, et j'ai immédiatement su qu'il s'agissait de Shadow, mais j'avais du mal à le croire. J'ai dit à voix haute : « Qui que tu sois, passe dans l'Autre monde. » À la fin de la journée, quand je suis rentrée chez moi, ma mère m'a appris que Shadow était mort.

Une semaine plus tard, nous étions donc au château d'Oxford et nous utilisions un jeu de Ouija lorsque Shadow est venu à moi. Ce matin-là, en passant devant une photo de lui à la maison, je lui avais lancé : « N'essaie pas de revenir dans ce monde. Reste où tu es ! » Pourtant, la planchette de Ouija s'est déplacée vers le S, avant de revenir au centre, puis vers le H, et ainsi de suite jusqu'à ce que son nom soit épelé. J'ai crié : « Oh mon Dieu, c'est lui ! Il est ici ! » Personne ne me croyait. Ils pensaient tous que j'étais folle et n'essayaient pas de me réconforter, mais se contentaient de me regarder comme si j'avais perdu la raison. J'étais hystérique et j'essayais de poser des questions à mon chien, mais je n'arrêtais pas de pleurer. Je lui ai demandé s'il était dans l'Autre monde et il m'a répondu oui. Puis, je lui ai demandé si ma grand-mère était avec lui et il m'a dit que oui. Ensuite, je lui ai dit : «Ça va maintenant, tu peux partir», et il partit, avec la même obéissance que celle dont il avait toujours fait preuve.

Plus tard, une personne du groupe m'a demandé : «Comment un animal pourrait-il revenir de l'Autre monde?» Elle ne me croyait pas. Je suppose qu'elle ne croyait pas possible que des chiens puissent survivre à la mort. Dans mon désarroi, tout ce que j'ai pu trouver comme réponse fut de lui dire que, dans la vie, Shadow était très intelligent.

La perte d'un animal dont on est particulièrement proche est un événement traumatisant. Je trouve adorable, de la part de Shadow, d'avoir fait tant d'efforts pour réconforter sa maîtresse.

DES LIENS FAMILIAUX

Voici maintenant quelques belles histoires qui me viennent de Joanie et qui nous racontent comment certains animaux ont refusé de lâcher prise.

Nous avions un petit terrier du Yorkshire femelle portant le nom de Pippin, et elle était avec nous depuis 15 ans lorsque nous avons dû décider, en raison de sa mauvaise santé et dans son propre intérêt, de la faire euthanasier. Le lendemain de cette décision, nous l'avons emmenée chez le vétérinaire, et celui-ci l'a endormie avec calme et douceur. Le soir même, alors que nous regardions la télévision avec mon mari, j'ai vu, du coin de l'œil, la queue de Pippin disparaître dans notre chambre, comme elle l'avait toujours fait à 21 h. J'ai confié à mon mari que je pensais avoir vu Pippin partir se coucher, et il m'a répondu avec un sourire que lui aussi l'avait vue disparaître au coin de son fauteuil, près de la cheminée.

Quelques années plus tôt, ma belle-fille, Amanda, était décédée. Elle n'avait que 28 ans et était très proche de Pippin. Peu après la mort d'Amanda, nous étions intrigués par le fait que Pippin ne cessait de regarder vers l'autre bout de notre salon, comme si elle y voyait une présence. Elle faisait les cent pas dans cette pièce, relevant la tête comme si elle regardait quelqu'un. Nous aussi sentions que nous n'étions pas seuls.

Nous avions également un gros chat noir du nom de Fudge, que nous avions adopté au même moment que Pippin. Tous les deux étaient très proches, au point de se blottir l'un contre l'autre sur le fauteuil. Fudge a dû être euthanasié au grand âge de 17 ans. Comme la plupart des chats, Fudge aimait attraper les oiseaux, ce que nous désapprouvions, c'est pourquoi nous avions accroché une clochette à son collier pour prévenir les oiseaux de sa présence. Le soir où il nous a quittés, nous avons entendu retentir sa clochette dans la cuisine, qui était l'endroit où il avait l'habitude de dormir. Puis, nous l'avons encore entendue pendant la nuit, alors que nous étions couchés. Ces bruits ont duré quelques jours, avant de finalement s'arrêter.

Mon mari est décédé il y a quatre ans, et lorsque j'ai reçu des messages de lui, il a toujours mentionné qu'un petit terrier du Yorkshire se trouvait à ses côtés.

Il est très réconfortant de savoir que nous serons tous réunis avec ces animaux qui nous sont si précieux, ainsi qu'avec nos proches, lorsque nous passerons dans l'Autre monde.

UN AU REVOIR DE BOGART

Lynda m'a écrit pour me raconter cette histoire.

Permettez-moi de vous raconter ce qui est arrivé à ma famille il y a environ 11 ans. Le mari de ma sœur est décédé d'un anévrisme au cerveau, alors qu'il était dans la jeune cinquantaine et que ses enfants allaient encore à l'école. Ce fut une période éprouvante pour tout le monde, plus particulièrement pour ma sœur et pour ma mère, qui l'aimait comme son fils. Nous avons tous souffert de sa mort, mais nous n'avions pas réalisé à quel point son chien, un petit fox-terrier, en était également affecté. Quand il était en vie, Greg faisait avec Bogart de belles et longues promenades, et il le faisait même entrer clandestinement dans le pub du coin pour y prendre un rafraîchissement. Après le décès de Greg, Bogart avait pris l'habitude de grimper sur la poitrine de ma sœur pour la réconforter. Quelque temps après les funérailles, ma famille a décidé d'aller au cimetière, et Bogart nous a accompagnés. Ce cimetière est très vaste, et nous cherchions l'arbre qui était notre point de repère. Le trouver ne fut pas un problème, mais nous devions admettre que nous ne savions pas où nous diriger à partir de là. Il y avait des rangées et des rangées de tombes. Une fois sur place, nous sommes sortis de la voiture et avons ouvert la porte à Bogart, qui s'est précipité à l'extérieur comme une flèche. Parce qu'il est petit, il est rapidement sorti de notre champ de vision. Nous avons donc décidé de le trouver avant de recommencer à chercher la tombe de Greg. C'est alors que nous avons entendu un terrible hurlement de désespoir qui provenait d'une des rangées.

Nous avons suivi le bruit, pour nous retrouver, à notre étonnement, devant le petit Bogart sur la tombe de Greg, les quatre pattes plantées fermement au sol, la tête levée vers le ciel, hurlant à en perdre haleine. Nous étions à la fois désemparés et effrayés par cette vision. Nous avions devant nous le petit compagnon de Greg, qui non seulement l'avait retrouvé parmi des milliers de tombes, mais qui pleurait son maître de toutes ses forces.

Jenny, pourquoi cela s'est-il produit ? Comment a-t-il trouvé Greg alors qu'il était enterré sur la concession familiale et que le béton qui recouvrait son cercueil avait eu le temps de sécher ? Ma sœur n'a plus jamais amené Bogart au cimetière. Il va bientôt avoir 12 ans. Pensez-vous qu'elle devrait y retourner avec lui pour qu'il puisse voir son père ?

Voici ce que j'ai répondu à Lynda :

Ça alors, votre histoire à propos de Bogart m'a fait pleurer ! Elle est magnifique. Mon sentiment est que Bogart avait l'impression de ne jamais avoir pu dire au revoir à son père. Je pense aussi que l'esprit de Greg était peut-être près de la tombe, attendant lui aussi les au revoir, certain que vous alliez lui amener son chien. Je suis convaincue que Bogart ne sentait pas la présence du corps terrestre de Greg, mais plutôt l'essence de son esprit. Si vous le ramenez au cimetière, il est fort probable qu'il sera calme, puisqu'il a déjà eu l'occasion de faire son au revoir. À mesure que Bogart prend de l'âge, son lien avec Greg continuera à se renforcer, et soyez convaincue que, le jour où il sera temps pour lui de partir, Greg l'attendra à bras ouverts. Je vous remercie sincèrement d'avoir accepté de partager cette histoire magnifique avec mes lecteurs.

ÂME SŒUR

Une femme qui se fait appeler «Lil'Aug» m'a envoyé cette merveilleuse histoire.

Quand j'étais petite, je faisais des dessins qui représentaient un berger allemand, un chien qui ressemble à un loup avec son regard vif et ses oreilles pointues. Je ne savais pas pourquoi je dessinais toujours la même chose, mais je ressentais le besoin de le faire. Et je disais à tout le monde qu'un jour, j'aurais un chien comme celui-là.

Des années plus tard, mon père et ma mère ont ramené un chiot à la maison. Dès que j'ai vu ce petit chien qui faisait penser à un loup, mon regard s'est éclairé. C'était une femelle, et je me suis sentie immédiatement liée à elle, comme si je l'avais toujours connue. Nous l'avons baptisée Mandy.

À mesure qu'elle grandissait, Mandy ressemblait de plus en plus aux dessins que je faisais quand j'étais petite. Elle avait le même regard vif, à tel point que ma mère la surnommait «Regard vif». Mandy était une chienne très intelligente. Nous pensons qu'elle avait en elle des gènes de loup. Une femme que nous avons rencontrée au Canada et qui élevait des loups nous en avait fait la remarque une fois. Elle trouvait que le comportement de Mandy ressemblait à celui des louveteaux.

Plus tard, en 2007, nous avons dû la faire piquer. Nous lui avions donné trop de collations en dehors de son alimentation canine, ce qui avait provoqué du diabète. Nous ne le savions pas, et un jour, elle a fini par ne plus être capable de marcher. Alors que j'étais au travail, en cette pénible journée, j'ai senti la présence de Mandy près de moi, devant mon lieu de travail. J'ai trouvé cela étrange, car elle ne devait être euthanasiée que plus tard dans l'après-midi. Je l'ai sentie à côté de moi, sur le trottoir, pendant toute la durée de ma pause-repas, ce qui m'a poussée à appeler ma mère. Celle-ci m'a confirmé qu'ils avaient finalement décidé d'avancer l'intervention à midi. J'ai pleuré toutes les larmes de mon corps.

Quelques mois plus tard, autour de 2 h du matin une nuit de janvier, j'ai été réveillée par la présence d'une énergie puissante dans notre maison. Alors que j'étais allongée dans mon lit, les yeux ouverts, j'ai entendu, venant du rez-de-chaussée, des hurlements qui faisaient penser à ceux d'un loup et qui m'étaient très familiers. Je ne savais pas, à ce moment, que ma mère (qui dort en bas) les avait également entendus. Je me suis alors concentrée sur Mandy pour lui envoyer par télépathie : « Mandy, si c'est toi, monte me voir ! » Soudain, j'ai perçu onde d'énergie à gauche de mon lit. J'ai ressenti de l'excitation, du soulagement et de la joie. Puis, je l'ai sentie lécher mon visage — pas un contact physique, mais plutôt énergétique. J'ai ressenti l'émotion dont elle était habitée. Ensuite, je me suis rendormie avec un sourire sur le visage. Par la suite, je n'ai parlé de cette histoire à personne, pas même à ma mère.

Quelques semaines plus tard, ma mère m'a révélé dans la voiture qu'une nuit, elle avait entendu Mandy hurler dans le salon. Je l'ai regardée fixement, bouche bée, tandis que mon père se moquait d'elle en émettant des doutes sur son état mental. Je l'ai interrompu pour dire à ma mère que je l'avais également entendue. Nous nous sommes regardées et avons réalisé que les animaux avaient eux aussi une âme et qu'à l'instar des humains, ils continuaient à vivre après la mort. Mandy était mon âme sœur. Que ce soit dans une autre vie, ou dans le royaume céleste du Grand Esprit, je sais que nous nous connaissions avant et que nous nous reverrons plus tard.

FAIRE CE QUI EST JUSTE

Shelley Kaehr, Ph. D., m'a raconté l'éveil qu'a provoqué en elle la perte d'un animal.

Au fil des ans, j'ai aimé et perdu beaucoup d'animaux, mais je me souviens plus particulièrement d'un incident concernant un petit épagneul cocker femelle portant le nom de Crystal, qui appartenait à l'époque à la famille de mon mari. Il avait eu Crystal alors qu'il était enfant, et, peu après notre mariage, ses parents ont décidé de faire avec elle le voyage du Kansas au Texas pour qu'elle puisse vivre avec nous. Mais Crystal était malade, aveugle et très âgée et, lorsqu'elle est arrivée chez nous, elle ne savait pas où elle était ni qui nous étions. Elle était maigre, elle tremblait, et nous devions malheureusement la laisser dehors la plupart du temps à cause de son incontinence, ce qui me brisait le cœur. Je me souviens avoir passé de nombreuses nuits assise à la table de la cuisine, pleurant sur le sort de cette pauvre petite chienne. Nous ne savions vraiment pas que faire pour elle.

Quelques mois ont passé, et il est devenu de plus en plus évident que l'état de Crystal empirait et qu'elle souffrait physiquement. Elle boitait, et même si elle ne se plaignait jamais, son état lui devenait de plus en plus insupportable. Je l'ai amenée voir le vétérinaire, et celui-ci m'a évidemment suggéré de la faire piquer. Je n'avais jamais eu à faire une telle chose. Jusque-là, mes animaux avaient disparu de mort naturelle ou s'étaient perdus, et je ne savais que penser d'une mesure aussi drastique. De retour à la maison, j'en ai parlé à mon mari, et nous avons pleuré encore, nous demandant quelle était la meilleure solution. J'ai passé beaucoup de temps à me poser cette question et à essayer de déterminer s'il était adéquat ou non d'aider nos compagnons à poils à passer dans l'Autre monde. Je sais qu'il s'agit d'un sujet controversé pour certains et que les opinions sont nombreuses.

Après mûre réflexion, je suis arrivée à la conclusion que nous prenions mieux soin de nos animaux à certains moments que de nos proches. Il y a un moment pour vivre et un moment pour mourir. Or nos animaux ne disposent d'aucun moyen réel pour communiquer avec nous et nous dire ce dont ils ont besoin, comment ils se sentent ou de quelle façon ils voudraient terminer leur vie. Personnellement, je pense que certains des traitements que nous imposons à nos animaux pour prolonger leur vie sont inhumains, parce qu'ils n'ont aucun moyen de savoir ce qui leur est fait. Dans de telles situations, ils savent seulement qu'ils sont loin de nous, des êtres qu'ils aiment, et que des personnes les torturent avec des aiguilles, des tubes et des traitements qui ne permettront pas, en bout de course, d'éviter l'inévitable.

Ma mère et moi sommes donc allées chez le vétérinaire un matin et l'avons entourée pendant qu'il lui administrait la piqûre. Sa respiration a ralenti et j'ai pu sentir que sa douleur disparaissait. Au dernier moment, elle a ouvert les yeux et m'a regardée en ayant l'air de dire « Merci. » Je n'oublierai jamais cet instant. Elle a eu une belle mort, une transition paisible vers l'Autre monde.

Peu de temps après, elle était partie, et c'est alors que le miracle s'est produit : j'ai soudainement entendu une sorte de souffle lorsque son âme a quitté son corps. Sur le coup, j'ai eu du mal à le croire, mais l'atmosphère de la pièce est ensuite devenue soudainement paisible, et j'étais heureuse qu'elle puisse enfin se reposer et jouer dans les prés verdoyants du paradis. Les doutes que j'avais pu avoir quant à ma décision ont disparu. Elle était en paix et ne souffrait plus. Il est difficile de dire au revoir et de lâcher prise, mais c'est ce qui nous a permis à tous de trouver la sérénité.

J'ai travaillé comme bénévole dans un centre de soins palliatifs où j'ai vécu de nombreuses expériences mystiques et inhabituelles, mais celle que j'ai partagée avec Crystal a été l'une des plus importantes. Elle m'a démontré que nous étions véritablement des âmes sans limites qui survivent à la mort physique et que les formes que nous prenions dans ce monde terrestre n'étaient pas représentatives de ce que nous étions profondément. Nous sommes infinis, et nos compagnons à poils le sont aussi. Nous nous retrouverons tous un jour dans la vie énergétique de l'Au-delà, et nous connaîtrons alors un grand bonheur !

Shelley aborde un point intéressant avec son histoire. Il arrive souvent que les gens m'écrivent pour me parler de la maladie de leurs animaux et du fait qu'ils n'arrivent pas à le « laisser partir ». D'autres me confient qu'après avoir pris cette décision difficile, ils se sentent accablés par la culpabilité et se demandent s'ils n'ont pas commis une erreur. J'ai vécu cette expérience avec mon âme sœur, Ace. Je ne cessais de retarder l'euthanasie, car je ne pouvais pas supporter l'idée de vivre sans elle, d'être « responsable » de sa mort ou d'être rongée par la culpabilité parce que je l'ai peut-être laissée partir prématurément. Parce qu'elle semblait parfois être bien, je me demandais s'il ne fallait pas la laisser vivre. C'est mon fils, Philip, qui a remis les choses en perspective : « Ce n'est pas parce qu'elle arrive à sourire par moments que sa vie en vaut la peine le reste du temps. » À l'état sauvage, les animaux malades, âgés ou blessés sont rapidement éliminés par la nature. Nous avons sorti les animaux de leur état sauvage pour les dresser et nous leur devons donc d'assumer le rôle de la nature en mettant fin à leurs souffrances lorsque le moment est arrivé et qu'ils ne profitent plus de la vie. Si un chien ne peut pas courir, jouer et interagir avec sa famille, il ne peut plus être un chien. Si un chat ne peut pas chasser, se battre ou sauter, il ne peut plus être un chat. Si un cheval ne peut pas courir au galop ou frapper le sol de ses sabots pour exprimer sa joie, il ne peut plus être un cheval. Parfois, quelqu'un doit prendre une décision, et c'est à nous qu'elle revient.

UN COCHON EST UN COCHON

Pour vous faire sourire, je vais vous raconter une histoire magnifique et amusante qui me vient de Maggie.

Il y a quelques années, une dame charmante est venue me voir pour une séance de médiumnité. Avant son arrivée, j'étais en train de penser à des cochons. Pour une raison qui m'échappait, des images de cochons ne cessaient de surgir dans ma tête. Après nous être présentées, nous nous sommes assises pour la séance. Habituellement, je commence par essayer de créer un contact avec l'Au-delà, et un proche de la personne se présente à moi pour valider certains éléments, ce qui met les clients à l'aise. Cette fois-là, peu importe les efforts que je déployais, je ne voyais qu'un cochon qui me souriait. Au bout de cinq minutes, je lui ai demandé ce qu'il faisait là, et il m'a donné le nom de Henry. J'ai poussé un énorme soupir de soulagement en me disant : « Maintenant, on va quelque part. ». J'ai donc demandé à ma cliente si le nom Henry lui disait quelque chose.

Elle a respiré profondément et s'est mise à crier :
— Oui !
Jusque-là, tout allait bien. Le seul problème était que je voyais un cochon. Et il me souriait.
Je lui ai donc confié avec calme :
— Mais c'est un cochon.
— Oui ! Oui ! s'est-elle écriée.
— Je parle d'un vrai cochon, ai-je ajouté, pas d'un trait de caractère.
— Oui ! m'a-t-elle répondu de nouveau.
À partir de là, le reste m'est venu sans problème. Henry était le cochon le plus aimé et le plus gâté qu'on puisse imaginer. Il m'a raconté que sa maîtresse l'avait acheté en pensant que, parce qu'il était un cochon nain, il resterait toujours petit, alors qu'il était devenu énorme. Puis, il m'a parlé de ses problèmes de peau et du fait que ses maîtres l'avaient lavé avec de nombreux shampoings différents avant de finir par en importer un qui lui convient. Il m'a dit combien il aimait la barbe à papa et les pommes, surtout lorsqu'elles étaient mélangées dans un même plat. Il a continué ainsi à me décrire sa vie, jusqu'au moment de sa mort. Il m'a expliqué qu'il avait dû être euthanasié à cause d'une occlusion intestinale. Tous les éléments qu'il m'a transmis pendant cette conversation de deux heures s'avéraient exacts.
Et je n'ai pas mangé de bacon pendant longtemps après cette séance.

J'ai beaucoup aimé cette histoire parce que les lettres et les courriels que je reçois habituellement parlent de chiens, de chats et d'autres animaux familiers habituels. Les cochons aussi ont une âme !

GROS CHAT!

Voici maintenant l'histoire de Lisa, qui nous parle du réconfort qu'elle reçoit encore d'un chat qui n'est plus là qu'en esprit.

Notre chat bien-aimé, Tara, avait l'âme vagabonde et, un soir de l'année 1996, il a été frappé par un véhicule et tué sur le coup. Nous l'avons enterré dans le jardin avec une immense tristesse. Son frère est encore en vie aujourd'hui. Nous avons immédiatement décidé de prendre un autre chat et nous sommes donc rendus au refuge pour animaux, comme nous le faisons habituellement, car nous sommes convaincus qu'il est préférable d'adopter un animal non désiré que de payer pour un pedigree et d'encourager ainsi leur élevage. Ce jour-là, en arrivant dans la chatterie, nous avons découvert, au milieu de nombreux jeunes chats, une beauté noire qui se frayait un chemin vers l'avant, son regard rivé sur nous comme si elle nous connaissait. C'est elle qui nous avait choisis! À partir de ce jour, sa personnalité et ses traits de caractère se sont affinés et ont fait de notre «Panthère» un chat très spécial.

Elle avait développé un goût particulier pour les croustilles au fromage et aux oignons qu'elle venait doucement m'enlever de la bouche. Elle aimait même la nourriture chinoise! Un jour, pour plaisanter, nous lui avons demandé si elle préférait la nourriture pour chats ou le cari. Ses yeux se sont éclairés à la mention du cari! Au moment des repas, elle arrivait en courant dès qu'elle entendait le bruit que j'avais l'habitude de faire avec un couteau. Puis, elle attendait patiemment d'avoir sa part. Ainsi, les repas étaient devenus très amusants, car elle savait à l'avance ce qui l'attendait.

Elle se pelotonnait toujours sur une couverture à côté de moi et semblait me parler avec ses yeux. Comme la plupart des chats, elle dormait pendant de longues périodes. Elle aimait beaucoup se rouler sur le dos pour que je caresse son ventre pendant qu'elle faisait des petits bruits de contentement. C'était également un grand plaisir pour elle de jouer avec les feuilles sur le gazon, lorsqu'il y avait du vent, mais elle gardait toujours un œil sur moi pour savoir où j'étais. Il lui arrivait même de m'accompagner dans la salle de bains, de s'allonger derrière ma tête pendant que je trempais dans mon bain et de profiter de la musique que j'écoutais. Parfois, elle semblait même danser avec moi. Avec le temps, nous sommes devenus inséparables.

Malheureusement, elle nous a quittés en mars 2009, à l'âge de 13 ans, à la suite d'une courte maladie. Je tenais sa patte lorsqu'elle est morte dans ma chambre, et je pleure encore aujourd'hui quand je repense à ce moment. Cependant, je n'ai jamais eu l'impression qu'elle m'avait vraiment quittée. Je ressens parfois une brise qui provient de l'endroit de mon lit où elle s'allongeait, et elle se fait plus forte lorsqu'elle répond à une de mes questions. Elle veut que je sache qu'elle est toujours avec moi. Quand nous sortons prendre un café, je vois parfois les contours de sa tête se dessiner dans la mousse qui recouvre ma tasse, comme si elle voulait me dire : « Je suis avec toi. » Son empreinte apparaît régulièrement sur les coussins et sur la couverture comme si elle était encore là. Elle est constamment près de moi, elle joue avec moi, et ses messages me réconfortent. Je resterai toujours fidèle à sa mémoire.

Nos animaux semblent deviner lorsque nous sommes incapables de lâcher prise. Ils reviennent alors pour nous apporter le réconfort dont nous avons besoin et ils restent auprès de nous jusqu'à ce que nous soyons prêts à tourner la page ou nous guident vers un nouveau chemin. Cela me prouve qu'ils ont eux aussi une âme.

CHAPITRE 3

Des gardiens
qui ne nous quittent jamais

Animaux qui ont réapparus
après la mort pour protéger leurs maîtres

*Les animaux auxquels nous sommes
particulièrement liés contiennent une étincelle de
notre âme, et nous ne pouvons donc pas être
séparés d'eux. Ils seront toujours auprès de nous.*

JENNY SMEDLEY

WOZA!

Hayley vit en Afrique du Sud et m'a envoyé cette remarquable histoire.

Ma première histoire débute en 1985, la veille du jour de l'An. J'avais vu une annonce dans un journal concernant un poney de 10 mois à adopter. Nous vivions dans un quartier résidentiel, mais parce que la superficie de notre terrain était supérieure à un hectare, mon père a obtenu la permission d'avoir un poney sur la propriété. Pour le récupérer, nous avons roulé environ 40 km, jusqu'au point de rencontre où nous attendait le van qui avait transporté Storm, car c'était son nom, depuis sa ferme située à 300 km de là. Nous l'avons transféré dans notre van et sommes rentrés à la maison. Il n'avait pas l'habitude d'être manipulé, et ce fut une expérience assez traumatisante pour lui. Lorsque nous sommes arrivés chez nous, je l'ai libéré dans notre jardin, puis j'ai essayé pendant un certain temps de m'approcher de lui, en vain. Plus tard dans la journée, nous avons dû nous absenter, mais quelqu'un a oublié de fermer le portail. Quand je suis rentrée, Storm avait disparu. J'étais dans tous mes états. Après l'avoir cherché dans le quartier sans succès, nous avons décidé d'aller vers la route principale, située à environ 1 km de là, en pensant qu'il s'était peut-être dirigé vers les terrains agricoles. Au bout de 8 km, nous l'avons repéré sur le bord de la route.

Comme il nous était impossible de l'attraper, nous l'avons dirigé vers un champ clôturé, puis nous avons demandé au propriétaire des lieux si nous pouvions revenir le lendemain pour l'attraper et le mettre dans notre van. Cet homme a été formidable et s'est bien occupé de Storm en lui donnant de l'eau et du foin. Ce soir-là, à 23 h 45, quelqu'un a frappé à notre porte. Comme nous étions le 31 décembre, nous avons supposé qu'un voisin venait nous souhaiter une bonne année. C'était bien la voisine, mais celle-ci m'a demandé : « Est-ce que c'est votre poney qui est dehors et qui frappe contre le portail pour essayer de rentrer ? » Bien évidemment je ne pensais pas qu'il pouvait s'agir de Storm, puisqu'il était à 10 km de là et qu'il lui aurait fallu traverser un quartier résidentiel et une grande route pour venir jusque chez nous, mais j'ai jugé préférable de mettre ce poney à l'abri. Me croiriez-vous si je vous disais que je me suis retrouvée en face de Storm ? Il avait l'air ravi. Je lui ai ouvert le portail et il est rentré dans la propriété comme s'il avait toujours vécu là. À partir de ce jour, il m'a laissé le toucher. Son comportement était plus celui d'un chien que d'un cheval. Il entrait dans la maison par l'escalier de derrière, se précipitait quand je sifflais et se comportait comme un compagnon fidèle. Nous l'avions dressé pour répondre à nos demandes verbales et ne lui avions jamais mis de mors dans la bouche. Et lorsque nous voulions le monter, il se comportait comme s'il avait fait cela toute sa vie.

Le 25 septembre 1987, Storm ne semblait pas dans son assiette, et j'ai appelé le vétérinaire, qui était déjà pris par une urgence, pour lui décrire ses symptômes. Celui-ci m'a proposé de venir le lendemain matin, pensant que la situation n'était pas grave. J'ai donc couché Storm, mais mes parents n'ont pas accepté que je reste avec lui toute la nuit, car son état ne leur semblait pas sérieux. Lorsque je suis allée le voir le lendemain matin, il était mort. Après avoir effectué une autopsie, le vétérinaire est arrivé à la conclusion que Storm avait souffert d'une grave insuffisance hépatique, dont personne n'a été capable de m'expliquer la raison. J'ai moi-même failli mourir. En l'espace de deux semaines, j'ai perdu 8 kilos, rongée par la culpabilité.

En 1991, alors que je prenais tranquillement un verre dans un pub situé à près de 2 000 km de là, une femme est venue vers moi, m'a regardée droit dans les yeux et m'a lancé : « Storm dit que ce n'était pas votre faute ! », avant de repartir comme elle était arrivée.

En octobre de l'année 1987, un de mes amis m'a amenée avec lui à son travail. Dans la ferme pour laquelle il travaillait, il y avait eu une portée de petits bergers allemands âgés de six semaines. Le propriétaire m'a dit :

« Ne t'approche pas de la plus petite, quelque chose ne va pas chez elle. Elle est née 14 h après les autres et elle est agressive. »

J'avais du mal à croire qu'une petite chienne de six semaines puisse être agressive, mais, lorsqu'ils se sont approchés d'elle, elle s'est mise à mordre et à grogner comme une bête sauvage. Je me suis donc assise pour jouer avec les autres chiots, et quelle ne fut pas notre surprise lorsque la « bête agressive » est venue s'asseoir sur mes genoux ! Ils n'en croyaient pas leurs yeux lorsqu'ils l'ont vue jouer avec moi avec autant de douceur ! Deux semaines plus tard, le propriétaire m'a appelée pour me demander si je la voulais, car il allait devoir l'euthanasier étant donné que personne ne pouvait s'approcher d'elle. J'ai évidemment accepté. J'avais besoin de donner mon amour à quelqu'un puisque le départ de Storm avait laissé un grand vide dans ma vie. Ils l'avaient déjà baptisée, à cause de son tempérament, et il se trouve qu'elle s'appelait Stormi...

C'était une vieille âme qui n'a jamais rien eu à apprendre. Elle se comportait en parfaite demoiselle qui aimait tout le monde. Alors qu'elle n'avait que 14 semaines, je l'ai retrouvée morte un matin. L'autopsie a révélé qu'il s'agissait d'une grave insuffisance hépatique.

Avançons maintenant jusqu'en 2009. Je suis allée me promener un jour dans un parc avec des éleveurs de ridgebacks de Rhodésie. Il y avait une femme, Cheryl, que je n'avais jamais rencontrée et qui avait trois chiots avec elle. Quoi qu'il en soit, je n'étais pas intéressée par la possibilité d'avoir un autre chien ! Pour les appeler, Cheryl leur criait : « Woza ! », qui est un terme sud-africain signifiant « viens ici », ce qui n'était qu'une de ses nombreuses excentricités. À la fin de notre promenade, elle est venue me voir pour me demander si j'étais intéressée par le chiot qui avait une tache noire en forme de masque autour des yeux. Je me suis retenue pour ne pas le prendre tout de suite ! De retour à la maison, j'en ai discuté avec ma famille et nous sommes allés le récupérer le lendemain. Pendant tout le temps que nous avons passé à parler des conditions de l'adoption, en prenant un café dans la cuisine, il est resté sagement assis dans l'encadrement de la fenêtre à nous observer. Il était prévu qu'il soit baptisé Zorro, en raison du masque et parce que Zorro signifie « renard » (et mon nom de famille est Fox) en espagnol. Le mari de Cheryl l'appelait Bakkies, un terme afrikaans signifiant « visage » ou « masque », en raison de son visage noir, ou Mombakkies, qui signifie « masque », ou « laideron » en argot ! C'est sur Bakkies que notre choix s'est arrêté, car Zorro ne lui allait pas. Cette fois-ci non plus, je n'avais rien à lui enseigner. C'était une très, très vieille âme, très sérieuse, qui était constamment auprès de moi. Quand je nourrissais les chevaux et les ânes, il portait le seau à ma place. C'était un chien que tout le monde aimait.

Je connais une jeune autiste dans la vingtaine, du nom de Lauren, dont la mère participe aux mêmes cours de dressage que moi. Lauren assiste habituellement à nos cours, et Bakkies a pris l'habitude de s'asseoir près d'elle et de poser la tête sur ses genoux. La première fois que Lauren a parlé devant des gens autres que ses parents était avec Bakkies, puis avec moi, pour me poser des questions sur mon chien. Bakkies était extraordinaire. Quand nous nous promenions, il cherchait des canettes de bière vides et en buvait la lie. Il avait une vraie faiblesse pour la bière ! Un jour, alors que Bakkies avait six mois, je suis rentrée chez moi pour découvrir qu'il sentait autant l'alcool que la cave d'un pub. Il avait trouvé deux caisses de bière en haut de mon congélateur, les avait fait tomber par terre et, avec l'aide de deux autres compagnons, les avait ouvertes et avait bu presque toutes les 32 canettes qui s'y trouvaient! Après avoir bien ri, le vétérinaire m'a assuré que les chiens iraient bien, mais qu'une terrible gueule de bois les attendait le lendemain.

Le jour suivant, Bakkies se sentait vraiment mal. Je devais aller à mon cours de dressage le soir et je pensais le laisser à la maison vu son état. Mais il insistait tellement pour venir que j'ai fini par le prendre avec moi. Sur le chemin du retour, vers 20 h, alors qu'il faisait nuit noire, j'ai dû m'arrêter à un feu où la circulation était particulièrement ralentie. Subitement, un homme a passé la main par la vitre ouverte de la voiture et m'a saisie par le cou, avant d'essayer d'attraper les clés de ma voiture. En même temps, un autre homme tentait d'ouvrir la porte du côté passager. Le mieux aurait été qu'ils prennent simplement ma voiture. Mais je risquais d'être enlevée et de subir un mauvais sort. Soudainement, la vision la plus effrayante que j'ai eue de ma vie est apparue derrière mon siège pour se jeter sur l'homme qui m'avait saisie à la gorge. Mon petit Bakkies de six mois attaquait cet homme avec tant de force qu'il y avait du sang dans toute la voiture. Les deux hommes se sont enfuis et j'ai réussi tant bien que mal à rentrer chez moi.

Ensuite, j'ai eu deux semaines pour me vanter d'avoir été sauvée par mon chien, et vous pouvez être assuré que j'en ai profité. Puis, alors que nous étions tous les deux dehors, il s'est mis à hurler, puis il est tombé. Trente secondes plus tard, mon petit Bakkies était mort. L'autopsie a révélé qu'il souffrait d'une déficience cardiaque extrêmement rare. Il a fallu que les vétérinaires — qui ne connaissaient pas cette maladie — consultent des spécialistes du monde entier pour mettre un nom dessus.

La nuit suivant sa mort, lorsque j'ai enfin réussi à m'endormir, j'ai fait un rêve étrange. Bakkies sortait de l'arrière d'une de nos dépendances, accompagné d'une minuscule petite chienne ridgeback (je ne suis pas amatrice de femelles) aux couleurs inhabituelles et au physique amusant, avec un ruban rouge autour du cou. Puis, il m'a «dit» qu'elle s'appelait Mouse et que je pouvais «demander à Scout» (mon perroquet gris africain). Puis, il est parti, et la petite boule est restée face à moi et a continué de m'observer. Quand je me suis réveillée, j'étais déprimée. Je me suis levée pour me rendre dans le salon. Lorsque ma fille et moi y sommes entrées, mon perroquet m'a regardée et a clairement dit : «Woza» (le mot qu'utilisait Cheryl pour interpeler ses chiots), alors qu'il n'avait jamais entendu ce mot de sa vie.

En octobre, j'ai reçu un appel de Cheryl, pour me proposer d'aller voir la portée de sa femelle. Elle avait trouvé des foyers aux chiots, mais elle voulait simplement que je les voie. En arrivant sur place, j'ai découvert la petite boule avec son ruban rouge. J'ai dû me retenir pour ne pas fondre en larmes, car je savais qu'ils avaient tous des foyers, mais il était évident que j'avais «Mouse» sous les yeux. J'avais l'impression que mon cœur allait s'arrêter. Tout le temps où nous étions là, elle est restée à nous observer, dans la même position que Bakkies. Je n'ai rien dit, car je ne voulais pas que Cheryl se sente obligée de me la donner ou qu'elle ait à me décevoir en ne pouvant pas me le faire.

Quand je suis montée dans la voiture, j'ai fondu en larmes, au grand désarroi de mon mari. Je lui ai expliqué :

— Je viens de voir Mouse, mais elle a déjà un foyer ! lui ai-je expliqué

— Écoute, je ne sais pas qui est Mouse, mais Cheryl m'a demandé si tu pourrais être intéressée par la petite femelle avec le ruban rouge, m'a-t-il répondu.

Apparemment, elle lui avait demandé d'aborder délicatement le sujet avec moi, car elle ne voulait pas que je prenne un chiot si ce n'était pas le bon ! J'ai maintenant

«Mhousse» (épelé différemment pour des raisons de numérologie) avec moi.

Je sais que Bakkies est encore là. Scout dit régulièrement «Woza», mais seulement lorsque je me sens un peu triste ou déprimée. Peu après la mort de Bakkies, la lumière qui se trouve au-dessus de «son» fauteuil s'est mise à s'allumer et à s'éteindre comme par enchantement. Mon mari, qui est électricien, l'a vérifiée pour dissiper mes doutes, mais il n'a rien trouvé d'anormal. Si je prends des photos d'autres chiens assoupis sur le «fauteuil de Bakkies», il y a toujours une sorte de halo qui apparaît quelque part. Je n'avais jamais vu cela auparavant, si bien que, lorsque j'ai découvert un halo pour la première fois sur une photo, deux semaines après la mort de Bakkies, je me suis demandé si mon appareil fonctionnait bien.

Cette histoire m'a fait à la fois rire et pleurer. Il est très triste que la pauvre Hayley ait perdu autant de compagnons, mais ils semblent tous être venus à elle pour une bonne raison. J'ai eu du mal à décider dans quel chapitre intégrer son histoire, mais j'ai choisi celui-ci, car j'ai la sensation que Storm est revenu sous l'aspect de différentes espèces pour être là avec Hayley, pour lui sauver la vie comme l'a fait Bakkies. Espérons qu'elle vivra longtemps en compagnie de Mhousse maintenant que cet incident est passé. En fait, il y autre chose à rajouter à cette histoire concernant Scout, le perroquet. Celui-ci s'est récemment mis à faire le bruit des jouets qui appartenaient aux anciens compagnons de Hayley. Elle en a été ravie, mais elle s'est également inquiétée de ce que cela pouvait signifier. Ses compagnons étaient-ils malheureux ou retenus sur Terre par sa faute? Je lui ai répondu ceci :

Cela ne signifie pas qu'ils soient malheureux ou qu'ils ne puissent pas aller de l'avant, car nous gardons tous — peu importe que nous vivions sur Terre ou non en ce moment — une partie de nous-mêmes en esprit. Il est possible de communiquer en permanence avec cette partie, même si vos compagnons se sont réincarnés dans un autre corps. Vos compagnons vous lancent ce message parce qu'ils vous aiment et parce qu'ils ont trouvé un moyen de vous le dire.

S'OCCUPER DE TOUT

Stephanie m'a raconté la très belle histoire d'une chienne qui voulait s'assurer qu'après sa mort, ses maîtres trouveraient un autre compagnon à aimer, et qui se refusait de partir tant que ce n'était pas le cas.

Nous avons adopté Lucy, un épagneul cocker femelle, lorsque ses maîtres se sont séparés et qu'il lui a fallu trouver un autre foyer. Mon mari Tony et moi l'avons accueillie chez nous et dans notre cœur. Pendant près de cinq ans, nous avons été inséparables. Tony et moi avions pris notre retraite un an avant l'arrivée de Lucy, et nous avions tout le temps du monde pour l'aider à prendre possession de sa nouvelle maison — ce qui ne fut pas évident, tant elle était restée fidèle à ses précédents maîtres.

Nous l'adorions, et c'était réciproque. Elle était toujours à quelques mètres de moi. Mais, un jour de juin, elle a subitement souffert de problèmes respiratoires, lesquels se trouvaient en réalité être les symptômes d'une grave déficience cardiaque. Selon le diagnostic des vétérinaires, elle risquait fort de mourir pendant la nuit. Par miracle, elle était encore en vie le lendemain et, grâce aux médicaments, sa santé est redevenue normale en l'espace de quelques jours.

Tout semblait bien aller, en ce 10 décembre, alors que mon mari était sorti et que Lucy se reposait sur un fauteuil. Dans le salon, nous avions une porte vitrée et une fenêtre qui donnaient sur le hall d'entrée. Soudainement, Lucy s'est levée en remuant la queue en signe d'enthousiasme. J'ai remarqué qu'elle regardait vers la porte vitrée, et ce qu'elle regardait a dû se déplacer, car ses yeux se sont ensuite dirigés vers la fenêtre. Persuadée que c'était mon mari qui venait de rentrer, j'ai quitté la pièce pour aller l'accueillir, mais il n'était pas là. Cet incident m'a véritablement intriguée. Quand mon mari est revenu, je lui ai confié avoir peur que Lucy meure bientôt, car quelqu'un était venu la chercher. C'était un mardi, et le samedi suivant, Lucy nous a quittés. Nous sommes convaincus qu'une personne ou un animal sont venus la chercher. Mais la joie qu'elle a manifestée à ce moment nous a réconfortés sur son sort.

Après l'avoir enterrée dans le jardin, mon mari remettait la terre en place et arrangeait le gazon tandis que je le regardais avec une certaine angoisse par une fenêtre de la maison. À ma surprise, je l'ai vu sourire et, lorsqu'il est rentré, il m'a dit qu'une chose étrange s'était produite. Lucy aimait particulièrement une chanson que mon mari avait pour habitude de lui chanter, et elle l'accompagnait à sa propre manière, ce qui nous faisait rire. Elle aimait beaucoup ces moments, et il lui arrivait même de les initier en émettant des sons étranges tout en nous regardant avec impatience, ce qui était le signal que la chanson pouvait commencer! Tony m'a expliqué qu'il était en train d'arranger la terre autour de la tombe lorsque cette chanson a nettement surgi dans son esprit, d'où le sourire que j'avais vu sur son visage.

Pendant la journée, j'ai mentionné à Tony que j'enviais ce contact qu'il avait eu avec notre chienne. Le soir, nous sommes allés nous coucher pour passer notre première nuit sans notre petite Lucy. Cette nuit-là, j'ai rêvé, mais c'était plus qu'un rêve. J'étais dans le salon, Lucy se trouvait sur le même fauteuil, et même si la pièce était plongée dans l'obscurité, tout était lumineux autour d'elle. Heureuse de me retrouver, elle me léchait et jouait avec moi, mais je savais que ce moment ne durerait pas et qu'elle allait repartir. Soudainement, nous nous sommes retrouvées près de la cheminée, qui s'est ouverte tel un tunnel, et Lucy s'y est engouffrée pour disparaître de ma vue. À cet instant, une pendule posée sur le manteau de la cheminée s'est inclinée vers l'avant, et une porte s'est ouverte toute grande.

Je me suis réveillée d'un coup, mon cœur battant la chamade, des larmes coulant sur mon visage. Puis, j'ai réveillé Tony pour lui expliquer que j'avais vu Lucy. Il m'a répondu que, dans sa prière du soir, il s'était adressé à Lucy pour lui demander de me rendre visite, car j'en avais réellement besoin. Cet événement m'a énormément rassurée et m'a rendue très heureuse… pendant un court instant. Car, après en avoir discuté ensemble, nous avons conclu que les signes de la pendule et de la porte signifiaient qu'il était temps de partir, ou que le moment pour elle de passer dans l'Autre monde était arrivé.

Au cours de la semaine suivante, nous avons fait des recherches pour trouver un autre chiot. J'étais en contact avec une éleveuse qui m'a confié en avoir un pour adoption. Je redoutais qu'il s'agisse du plus faible de la portée, mais elle m'a assurée du contraire — ce chiot ne s'était précipité vers aucun acheteur potentiel, mais il n'était ni faible ni timide. Tous les autres chiots s'étaient entassés devant les visiteurs, mais celui-ci, qui était en fait une femelle, s'était contenté de rester assis en retrait et d'observer les autres.

Arrivée sur place, je me suis mise à fouiller des yeux le fond de l'enclos pour y repérer la petite chienne, mais elle n'y était pas. Lorsque j'ai demandé à la propriétaire où se trouvait le chiot à adopter, elle m'a répondu, non sans surprise, mais avec joie, que Tony l'avait dans les bras! Nous pensons que Lucy avait pris contact avec cette petite chienne pour lui demander de rester en retrait jusqu'à ce que nous venions la chercher. Il est bien évident que nous l'avons achetée.

Rien de particulier ne s'est produit ensuite, hormis la chanson de Lucy qui surgissait régulièrement dans notre esprit, et nous savions alors qu'elle prenait contact avec nous. À une autre occasion, alors que Tony s'était levé dans la nuit, il a vu, depuis le couloir plongé dans l'obscurité, que Lucy était assise sur le dossier de son fauteuil, comme elle l'avait toujours fait. Nous en avons déduit qu'elle nous avait rendu une petite visite.

Quand Lucy est morte, Tony a coupé une mèche de ses poils alors que nous étions chez le vétérinaire. Puis, je l'ai enveloppé dans un mouchoir en repliant celui-ci jusqu'à ce qu'il ne fasse pas plus de deux centimètres carrés, avant de le mettre dans une petite pochette en velours, pour le glisser sous mon oreiller, où elle est restée pendant un an. Pour le premier anniversaire de la mort de Lucy, j'ai voulu sortir ses petites mèches, pour le simple plaisir d'en ressentir une fois encore la douceur. J'ai ouvert la pochette et délicatement déplié le mouchoir, ce qui fut tout un défi vu que je dormais dessus depuis un an et, à ma grande surprise, il n'y avait rien à l'intérieur, aucune trace de la présence de ses poils, absolument rien. J'ai fixé le mouchoir un bon moment, bouche bée, et la seule explication à laquelle nous avons pu penser était que Lucy était revenue prendre sa mèche de poils ce jour-là pour prendre contact avec nous. Quand nous sommes allés nous coucher ce soir-là, Tony m'a demandé si Molly (notre nouvelle chienne) était avec moi, car il venait d'apercevoir un chien au bout du salon, mais comme Molly ne m'avait pas quittée, il s'agissait de toute évidence d'une autre visite.

Pendant la nuit, je me suis réveillée et j'ai ruminé un moment sur la question des poils dans la pochette, me demandant s'il pouvait exister une autre explication, même si j'étais convaincue, au fond de moi, que Lucy les avait récupérés — cependant, je voulais en être sûre pour ne pas penser que j'avais inventé cette histoire. Tout en y réfléchissant, j'ai approché ma main de la pochette que j'avais remise sous mon oreiller, mais il m'a fallu la retirer immédiatement tant elle était chaude. Pour décrire l'intensité de cette chaleur, je dirais que, si j'avais regardé la pochette, je me serais attendue à la voir dégager une lumière éclatante, vu la force qui en émanait. Cet incident m'a permis de confirmer que Lucy avait bien pris ses poils pour communiquer avec nous et que son énergie était encore autour de la pochette.

Au cours des jours qui ont suivi, j'ai bien évidemment tenté de recréer l'incident, approchant ma main de la pochette sous mon oreiller, pour m'assurer que la pochette était toujours sous ma tête, mais celle-ci n'était jamais chaude. Depuis cet événement, plus rien ne s'est produit. Il semblerait que Lucy nous ait accompagnés pendant cette horrible première année sans elle, qu'elle nous ait laissé le temps de nous attacher à Molly et qu'elle ait continué son chemin.

L'OMBRE DE L'ANIMAL

L'histoire de Sallyanne nous parle d'un chien très spécial qui l'a protégée du mal.

Quand j'étais petite, je jouais dans la forêt. Je suppose que les forêts étaient moins dangereuses à l'époque, et même si mes parents me disaient de ne «pas parler à des étrangers», je n'étais pas vraiment dérangée. D'une personnalité solitaire, j'aimais jouer dans les champs au milieu des vaches, qui ne me posaient jamais de problèmes. Lorsque je jouais dans la forêt, je n'étais jamais effrayée par les arbres et je ne comprenais pas pourquoi certains enfants en avaient peur. Ils prétendaient voir de mauvais esprits dans les troncs des arbres, dont les bras noueux s'étendaient la nuit pour les attraper et les tirer vers la terre ou les jeter dans leur bouche. Selon moi, ils avaient perdu la raison. Je me promenais même dans la forêt à la tombée de la nuit et je n'avais jamais peur — pas des arbres en tout cas. Pendant la plus grande partie de mon enfance, ma chienne Tallow était auprès de moi pour me protéger. Nous avions grandi ensemble, car mes parents l'avaient adoptée alors que je n'avais que deux ans. Ce que je vais vous raconter s'est produit un jour où Tallow, parce qu'elle se remettait d'une petite opération chirurgicale, n'avait pas pu m'accompagner. Ce matin-là, je l'avais serrée dans mes bras, en lui disant que je ne sortais qu'un petit moment. Je jouais si bien dehors que j'en ai oublié l'heure et ne suis rentrée chez moi qu'au moment où la nuit tombait. J'étais presque sortie de la forêt quand j'ai entendu derrière moi des bruits de branches qui se cassaient sous les pas de quelqu'un. Sachant qu'il y avait des campeurs non loin de là, je n'avais pas peur, car je pensais que l'un d'eux essayait peut-être d'attraper un lièvre. Mais au bout d'un moment, le bruit a commencé à venir de devant, et non plus de derrière moi, et j'ai compris qu'une personne louche me suivait et tentait de me barrer le chemin. Quand cette personne a surgi d'un buisson juste devant moi, je voulais crier, mais aucun son n'est sorti de ma bouche. En outre, j'étais trop loin des habitations pour que quiconque puisse m'entendre. L'homme avait la trentaine, l'air en mauvais état, et était décidé de toute évidence à me faire du mal. Il m'a souri et s'est avancé vers moi, me faisant reculer vers un buisson de ronces. Je ne pourrais bientôt plus m'échapper, et même si je le savais, je ne pouvais pas m'enfuir et devais me contenter de continuer à reculer. Lorsque j'ai senti les épines dans mon dos, j'ai compris que j'étais coincée.

— Allez, chérie, ne sois pas timide, m'a-t-il lancé.

En l'entendant me parler, quelque chose s'est débloqué dans ma gorge, et j'ai crié :

— Tallow !

Je ne sais pas pourquoi je l'ai appelée, car je savais que mon petit ange gardien ne pouvait pas m'entendre d'où elle était. Et l'homme qui me faisait face le savait aussi, puisqu'il a esquissé un autre sourire. Alors qu'il tendait les bras en s'approchant de moi, une ombre est soudainement apparue derrière lui, se jetant sur lui et faisant tomber l'homme avec elle. Maintenant, c'était lui qui criait. Tout s'est passé tellement vite que je ne peux pas dire avec exactitude ce que j'ai vu, d'autant plus que je me suis enfuie en courant le plus vite possible. J'ai continué à courir jusqu'à ce que je sois rentrée dans la maison par la porte arrière. Je suis alors tombée à genoux près de Tallow, qui m'a accueillie avec enthousiasme en me léchant. Je sais ce qui s'est produit. Ma merveilleuse et courageuse chienne m'avait entendue crier et avait envoyé son ombre pour me sauver. Je n'ai jamais raconté cet incident à ma famille et ne le ferai jamais, mais je partage cette histoire avec vous, Jenny, car je pense important que les gens la connaissent. Je ne suis plus jamais retournée dans cette forêt sans Tallow.

J'avais déjà entendu parler de ces ombres d'animaux, mais habituellement il s'agit plutôt d'animaux décédés qui reviennent sous cette forme. C'est la première histoire que j'entends à propos d'un chien qui s'est transformé en « ombre » alors qu'il était encore en vie. Si vous connaissez une histoire similaire, merci de la partager avec moi !

Ce récit me fait penser à ma vieille chienne Sally. Je ne l'ai jamais vue sous la forme d'une ombre, mais la transformation dont Tallow a été capable pourrait expliquer des événements particuliers qui se sont produits quand j'étais enfant. Il arrivait parfois que Sally soit enfermée dans la maison pendant que je jouais au ballon sur la route, seule ou avec d'autres enfants. Le panier de Sally était installé dans la remise, et la fenêtre était trop haute pour qu'elle puisse me voir. Souvent — en réalité presque toujours —, le ballon finissait par disparaître au milieu des buissons épais et de la haie qui se trouvaient en face de notre maison et qui s'étendaient sur plusieurs mètres de long et environ 1,50 m d'épaisseur. Malgré tous nos efforts pour le retrouver, il semblait chaque fois être perdu pour de bon. Les autres enfants avaient pris l'habitude d'appeler Sally et, si je ne jouais pas avec eux à ce moment, ils venaient frapper à ma porte pour que je la fasse sortir. Sans qu'il soit nécessaire de le lui demander, Sally disparaissait dans les buissons et revenait toujours, quelques secondes plus tard, avec le ballon dans la gueule. C'était étrange, car je ne pense pas qu'elle le retrouvait à l'odeur, puisqu'il devait contenir les odeurs mélangées d'une dizaine d'enfants, mais elle n'hésitait jamais et fonçait directement vers le ballon, comme si elle avait vu précisément où il avait atterri. Je me demande maintenant, après avoir entendu l'histoire de Tallow, si Sally n'avait pas envoyé son ombre là où elle n'était pas en mesure d'aller elle-même.

UN ESPRIT LIBRE

Brenda m'a envoyé cette histoire.

Mon chien Tinker était très spécial à mes yeux. Il dormait sur mon lit toutes les nuits et me «protégeait» même de mes parents si ceux-ci venaient à l'improviste vérifier ce que je faisais! Nous vivions à la campagne, à 500 mètres environ de la route principale et de l'arrêt d'autobus. Ma mère avait l'habitude de sortir nos chiens (nous en avions deux) en fin de journée pour aller à la rencontre de ma sœur qui arrivait avec le dernier bus. Tinker s'arrangeait toujours pour se libérer de son collier, car il détestait le porter et préférait se promener sans collier lorsqu'il était à la maison.

Ce soir-là, ma mère partait à la rencontre de ma sœur, et j'ai eu l'horrible prémonition que Tinker risquait de mourir si elle le prenait avec elle. Je l'ai suppliée de ne pas l'amener avec elle et de sortir uniquement l'autre chien, mais elle m'a répondu que j'étais ridicule. Cependant, je savais que je ne le reverrais plus. Lorsque ma sœur est sortie du bus, dans son enthousiasme pour courir l'accueillir, Tinker s'est libéré de son collier et a traversé la route au moment où un camion-citerne arrivait.

Parfois je sens sa présence la nuit, lorsque je suis couchée. Il me semble alors que je ne peux pas bouger mes pieds parce qu'il est assis dessus, et je sais qu'il est avec moi. J'ai perdu Tinker à l'âge de 14 ans, mais je me rappelle de ce soir-là comme si c'était hier et je sais que Tinker n'a désormais plus besoin de porter de collier.

LA PETITE SOURIS QUI POUVAIT SAUVER DES VIES

Voici l'histoire de Jason (Jason est un nom fictif, car ses parents ne souhaitaient pas être associés à cette histoire, pour des raisons compréhensibles).

Les gens se sont toujours moqués de moi, car j'avais en permanence une ou deux souris comme animaux de compagnie. D'autres hurlaient, au lieu de se moquer, dès qu'ils apercevaient deux petites oreilles rondes et un museau frétillant surgir de ma poche sans crier gare. Cela dit, c'était triste pour eux, pas pour moi. J'ai toujours eu beaucoup de souris — il m'arrivait même d'en avoir une vingtaine dans ma chambre. J'aimais les laisser libres dans ma chambre, mais ma mère avait peur qu'elles s'échappent et fassent des dégâts dans la maison. Je n'en aurais pas tenu compte si je n'avais pas su qu'elle avait été tentée d'installer des pièges, et je n'aimais pas du tout cette idée.

Les gens pensaient que je ne pouvais pas différencier mes souris les unes des autres ni me rappeler correctement leurs noms, mais ils avaient tort. À mes yeux, chacune avait un comportement, un visage et un pelage qui lui étaient propres. Ma préférée s'appelait Jerry. Pas très original, mais c'était son nom. Lorsque j'avais 12 ans, un événement étrange s'est produit et a incité ma mère à apprécier elle aussi mes souris. Mes parents étaient fumeurs, mais ma mère essayait d'arrêter. Elle suppliait mon père d'arrêter, pour qu'elle puisse elle-même y arriver, mais il ne voulait rien savoir. Je détestais l'odeur de la fumée et je passais plus de temps dans ma chambre avec mes souris pour y échapper.

Quand Jerry est tombé malade, j'étais très perturbé, car je le considérais (c'était un mâle) comme un ami. Je l'amenais partout avec moi. Je n'avais jamais eu de souris noire et blanche avant, et vous allez comprendre dans un instant l'importance de ce détail. À la période où je l'ai eu, il n'y avait pas beaucoup de choix, et les seules autres couleurs qui existaient étaient blanc, noir et brun unis. J'ai libéré Jerry d'une cage minuscule dans une animalerie, où il était tellement triste qu'il s'était lui-même arraché des poils. Je jure que c'est lui qui m'a crié de le ramener chez moi. Le fait est que je l'ai adopté. Jerry était avec moi presque 24 heures sur 24. À l'école, il restait sagement dans ma poche, sans se montrer, ce qui me permettait de passer inaperçu. Malheureusement, il est tombé malade et nous a quittés. Je ne souhaite pas m'appesantir sur le sujet, mais pendant des semaines j'ai senti sa présence dans ma poche.

Un soir, tout le monde s'était endormi, mais je ne savais pas que mon père dormait dans son fauteuil. Plus tard, il s'est levé pour aller se coucher, oubliant qu'il avait une cigarette à la main quand il s'était assoupi. Celle-ci avait dû lentement se consumer sur le fauteuil, jusqu'à ce que celui-ci prenne feu, après que mon père fut allé se coucher. J'étais endormi comme tout le monde lorsque j'ai senti une queue frétiller sur mes lèvres. Lorsque j'ai ouvert les yeux, j'ai découvert Jerry, assis sur mon nez, me regardant droit dans les yeux, sa queue continuant à faire des allers-retours sur ma bouche. Je discernais clairement son oreille blanche et son oreille noire grâce à la lumière de la rue. Subitement, j'ai senti une odeur de brûlé. Jerry avait disparu, et j'ai bondi de mon lit. Je me suis mis à crier pour que mes parents se réveillent. Ils sont arrivés dans ma chambre, m'informant que l'escalier était en flammes, et nous nous sommes faufilés en pyjama par la fenêtre pour atterrir sur le toit du porche et nous laisser glisser ensuite sur le sol. J'avais bien entendu pris le temps d'attraper la cage de mes souris avant de sortir. Avant de sauter par la fenêtre, j'ai jeté un œil dans ma chambre, me demandant si je n'avais pas laissé une souris noir et blanc derrière moi. Mais il n'y avait rien, et cette souris ne pouvait, de toute façon, qu'être un fantôme. Nous avons perdu la maison, mais nous en sommes tous sortis indemnes. J'ai été surpris que ma mère croie à mon histoire. Mon père m'a affirmé ne pas y croire, mais il a arrêté de fumer.

Les héros peuvent se présenter sous toutes les formes et tailles possibles, mais j'avoue n'avoir jamais entendu parler auparavant d'aucune histoire de souris héroïque. Je suis sûre que vous m'en informerez si ce n'est pas une première pour vous ! Il semblerait que Jerry ait voulu payer sa dette en sauvant Jerry, qui l'avait lui-même libéré de sa cage.

CHAPITRE 4

Me revoilà !

Animaux qui se sont régénérés pour revenir dans la vie de leurs maîtres dans un corps différent, parfois même dans celui d'une espèce différente

Nos âmes ont toutes, par le passé,
habité des corps d'animaux. Uniquement grâce à
cette préparation, nous pouvons espérer rester
à la fois spirituels et humains.

JENNY SMEDLEY

Cela me fascine de constater que, mon sujet de prédilection dans le domaine de la spiritualité ayant toujours été la réincarnation, la plupart des récits qui me sont envoyés concernant des animaux aillent justement dans ce sens. Peut-être est-ce moi qui les attire, à moins que ce soit le sujet lui-même qui devienne plus pertinent dans le monde où nous vivons.

CHIENS ET CHATS

Voici l'histoire de Kathleen.

Mork, un chat très spécial, est entré dans ma vie alors qu'il était le seul survivant d'une portée de chatons. Il semblait avoir un lien particulier avec la vie, car il avait survécu à la mort de sa mère et de tous ses frères et sœurs alors qu'il n'avait que deux semaines. Je l'ai nourri au biberon et j'ai pris soin de combler tous ses besoins, ce qui lui a permis de survivre malgré ce mauvais départ. Peut-être existait-il déjà un lien entre nous à l'époque. Il était évident que quelque chose nous unissait. Il est devenu pour moi comme un enfant plus qu'un animal, et même aujourd'hui, mes enfants le considèrent comme un frère, plutôt qu'un animal. Il a failli mourir de nombreuses fois au cours de ces 18 années passées ensemble. Par exemple, il s'est battu avec un autre chat, ou peut-être un animal sauvage, et ses blessures se sont transformées en infection grave qui a failli lui coûter la vie. Je l'ai soigné pour qu'il s'en sorte. Quelques années plus tard, je l'ai sauvé de la gueule d'un chien du voisinage qui s'en était pris à lui. Ses blessures étaient si graves (la morsure du chien l'ayant presque coupé en deux) qu'il a dû subir une importante opération chirurgicale lorsque nous sommes parvenus à atteindre le service des urgences vétérinaires après avoir dû traverser une tempête. Il s'en est miraculeusement sorti. Quelques années plus tard, je l'ai trouvé caché dans le jardin, à l'agonie. Je l'ai immédiatement conduit à l'hôpital vétérinaire, où une grave anémie lui a été diagnostiquée. J'ai ramené notre pauvre compagnon à la maison. Il était dans un état proche de la mort, sa température était basse et il délirait, dans un état semi-conscient. Il a failli mourir cette nuit-là. Je suis restée près de lui toute la nuit, m'assurant qu'il reste au chaud et bien hydraté, et quand le matin est arrivé, je savais que mes efforts n'étaient pas vains, car ses reins fonctionnaient encore! En effet, lorsqu'il s'est levé, il s'est rapidement soulagé sur mon panier de linge propre. J'étais au comble de la joie!

Pendant quelques années, la situation s'est calmée, et nous avons profité avec Mork de ses vieux jours.

Puis, lors d'une visite chez le vétérinaire, celui-ci m'a informée que ses reins fonctionnaient mal. Je lui ai demandé si la transplantation était envisageable pour un animal. Mork était comme mon enfant, et j'aurais fait n'importe quoi pour le maintenir en vie le plus longtemps possible. Malheureusement, le vétérinaire m'a répondu que cela ne se faisait pas. (Peu de temps après, la médecine vétérinaire a progressé sur le sujet, mais trop tard pour Mork.) Nous avons dû affronter l'inévitable et, un an après ce terrible pronostic, l'état de ses reins a empiré, et il est mort calmement dans ma chambre. Nous l'avons enterré dans un endroit visible de notre jardin, près de la porte d'entrée.

Son départ a laissé un grand vide dans notre famille. Nous avions adopté un chaton peu après que le diagnostic fut posé et l'avions baptisé Korkey. C'était une petite chatte rousse au poil long, de la même race de Mork, mais, même si elle était douce et gentille, elle ne pouvait pas remplacer Mork.

Quelques années plus tard, nous avons commencé à ressentir le besoin d'avoir un petit chien. Nous avons donc passé des mois à nous renseigner sur les races qui pourraient nous convenir et en avons conclu qu'un carlin ou un terrier de Boston seraient de bon choix. Un jour, alors que nous étions en voiture, nous sommes passés devant une animalerie avec un panneau «Carlins à vendre ». Nous avons donc fait demi-tour pour aller y jeter un œil.

En arrivant à l'intérieur, nous avons découvert une petite boule de poils dans une cage qui ressemblait à un minuscule ours brun. J'ai eu un coup de foudre. Je m'étais arrêtée très souvent dans cette animalerie pour voir leurs chiots, mais jusque-là, je n'avais jamais été tentée d'en acheter un. Je n'aurais jamais envisagé d'acheter un chien dans un tel endroit, me disant qu'il pourrait très bien venir d'une usine à chiots. Nous sommes rentrés chez nous sans le petit chien ours brun, mais j'ai pensé à lui toute la nuit. Le lendemain, j'ai insisté pour que nous retournions voir s'il était toujours là. Au lever du jour, j'avais décidé d'adopter ce petit copain.

Nous l'avons ramené à la maison, et j'ai prévenu nos proches que nous avions un nouveau membre dans notre famille, en incluant une photo à mon envoi. Beaucoup de gens m'ont demandé : « Qu'est-ce que c'est ? » En regardant la photo plus attentivement, j'ai dû reconnaître qu'il était difficile de le décrire. J'ai réalisé qu'il ressemblait à un chaton. J'ai dû renvoyer un message expliquant que nous avions adopté un chiot et que son nom était Zammis. Nous sommes immédiatement devenus proches, mais très rapidement j'ai dû me précipiter au service des urgences avec lui — pour reprendre mes vieilles habitudes. J'ai commencé à remarquer que son comportement ressemblait à celui de Mork. En effet, ce dernier s'asseyait en collant son dos contre moi, comme le faisait maintenant Zammis, ce qui donnait l'impression qu'il me protégeait. La couleur de son poil était la même que celle de Mork. Ce dernier avait peut-être du sang de Maine coon[7] en lui, car il avait une sorte de crinière autour de la tête et du cou, ce qui était également le cas de Zammis.

---

7. N.d.T. : Race de chat à poil mi-long, originaire du Maine, aux États-Unis. Il est caractérisé par sa très grande taille.

Il y avait également les croustilles de maïs. Mork était un fanatique des tortillas. S'il me voyait en manger, il sautait sur mes genoux pour me les prendre des mains alors que j'étais sur le point de les mettre dans ma bouche. Zammis a commencé à faire la même chose. Il vient toujours près de moi quand il m'entend croquer des croustilles de maïs, il insiste pour en avoir une, de la même façon que le faisait Mork. Zammis a beaucoup de traits de caractères propres aux chats. Il entretenait également une belle relation avec Korkey, qui était avec Mork à la fin de sa vie. Korkey avait accueilli Zammis dans la famille sans qu'aucun conflit entre chat et chien n'éclate jamais. Je les surprenais même en train de se détendre sur le lit, Korkey s'étirant pour toucher la patte de Zammis, comme si elle voyait également un chat en lui.

J'ai maintenant sept chiens, et j'ai eu de nombreux chats dans ma vie, mais ma relation avec Mork a été différente des autres et très spéciale. Le lien qui m'unit à Zammis lui ressemble beaucoup. Je sens qu'il existe une connexion entre leurs âmes. Je ne peux pas affirmer avec certitude qu'il s'agit de la même âme, mais j'ai la conviction que Mork est encore avec moi et le sera toujours.

S'ILS POUVAIENT PARLER

Charlotte m'a envoyé cette histoire.

Mon perroquet, Messinah, est mort l'année dernière, juste avant Noël. C'était une femelle que j'ai considérée comme un bébé pendant l'année et demie que nous avons passée ensemble. J'étais dévastée lorsqu'elle est morte dans mes bras. Quand j'ai racheté une petite compagne kakariki, du nom de Kizzie, j'ai remarqué qu'elle était née exactement deux mois après la mort de Messinah. Or il est étrange de constater à quel point elle lui ressemble, dans son comportement et son attitude à mon égard. L'autre jour, elle s'est posée sur l'urne de Messinah et a observé un moment la photo que j'avais posée à côté, sur laquelle Messinah et moi étions ensemble. Un mois après la mort de celle-ci, alors que je pleurais en pensant à elle, j'ai soudainement remarqué qu'une de ses plumes jaunes dépassait de la poche de mon pantalon, ce qui était étrange, étant donné que je n'avais pas encore ce pantalon quand elle était en vie et que je savais que les poches étaient vides. Je pense que cette plume provenait d'une aile. Je l'ai bien sûr gardée et, un mois plus tard, Kizzie est née.

Une dernière chose : quand Messinah avait six mois, elle a eu la tête coincée dans la porte au moment où celle-ci se fermait, provoquant dans son œil droit un strabisme qui n'est jamais disparu, tandis que son œil gauche n'avait eu aucune séquelle de cet accident. Il se trouve que Kizzie, même si elle n'a pas eu d'accident, a le même strabisme. Lorsque je l'ai amenée chez le vétérinaire, celui-ci m'a assuré qu'elle n'avait aucun problème particulier.

Il est formidable que des gens puissent recevoir ainsi des preuves physiques de la présence de leurs compagnons.

LE CHANGELING

Jan m'a envoyé l'histoire suivante.

Il y a plusieurs années, j'étais assise dans le salon un soir, entourée de mes pierres en cristal que j'étais en train de trier, et Simba, mon mau égyptien, était assis face à moi et m'observait. J'ai levé les yeux et nous nous sommes regardés. Soudainement, quelque chose d'incroyable s'est produit. J'ai vu le visage et le corps de Simba se transformer lentement en un autre chat, complètement différent. Il était beaucoup plus mince et la couleur de son pelage avait totalement changé !

J'ai immédiatement su qu'il s'agissait d'un chat que j'avais eu dans une vie antérieure. Puis, ses traits sont redevenus ceux de Simba, et celui-ci m'a souri ! Ce fut un moment extraordinaire que je n'oublierai jamais.

DES YEUX EN OR

Voici maintenant l'histoire de Judy.

Il y a 12 ans, lorsque j'ai perdu mon merveilleux chat, je n'avais aucune envie d'en avoir un autre tellement j'aimais celui-là. Cependant, il y a deux ans, j'ai décidé qu'il me fallait avoir de nouveau des chats dans ma vie. Je souhaitais en avoir deux cette fois-ci, pour qu'ils puissent se tenir compagnie. À l'époque, la chatte de ma fille venait d'accoucher de trois chatons, dont un mâle, une femelle et un troisième, dont nous n'arrivions pas à déterminer le sexe, ce qui nous a fait penser qu'il s'agissait d'une femelle. Je voulais avoir deux femelles, car mon ancien chat était un mâle, et j'aurais eu l'impression de le trahir en prenant un autre mâle. À mes yeux, ce serait revenu à le remplacer. Quand elles ont eu six semaines, j'ai pris les deux femelles chez moi en laissant le mâle à ma fille. Mes deux petites boules de poils étaient différentes l'une de l'autre : il y avait Candy, une chatte noir et blanc au poil court, et Cleo, noire au poil long, de style persan. Je les aimais profondément toutes les deux, et elles étaient de très bonnes compagnes, jusqu'à ce qu'elles atteignent l'âge de six mois et que « Cleo » devienne subitement « Leo ». Il avait beaucoup plus grossi que sa sœur, et son anatomie masculine était apparue. Je sais maintenant qu'il a agi ainsi pour dissimuler le fait qu'il était un mâle, car il savait que je voulais deux femelles et ne l'aurais donc pas choisi autrement.

Il a grossi de plus en plus et il s'est transformé en tyran avec sa sœur. La situation s'est aggravée avec le temps, si bien qu'il me fallait toujours le surveiller. Il est devenu évident qu'il était possessif envers moi, car il me suivait partout, ce qui devenait problématique. Il me voulait pour lui et n'acceptait pas de me partager avec sa sœur.

Leo avait toujours eu des problèmes respiratoires qui l'empêchaient de miauler et de ronronner, et qui provoquaient souvent de la toux. Une valve de sa gorge ne s'ouvrait pas et ne se fermait pas correctement. Le vétérinaire m'a informée qu'il pouvait l'opérer, mais que l'intervention n'était pas toujours réussie et pouvait déclencher d'autres problèmes. Voyant que Leo allait très bien, j'ai décidé de ne rien faire. Il n'avait pas besoin de « parler » avec moi, car je savais toujours ce qu'il voulait et ce dont il avait besoin. Il avait de grands yeux de couleur dorée, les plus magnifiques que j'aie jamais vus, et il savait comment s'en servir pour communiquer avec moi.

Leo est mort il y a deux mois, au jeune âge de deux ans et quatre mois, paisiblement et naturellement, dans l'allée de notre jardin. Ce fut, et c'est encore aujourd'hui, une expérience éprouvante, car il me manque énormément. Je savais qu'il ne vivrait pas longtemps, mais je n'imaginais pas qu'il partirait aussi jeune. Depuis son départ, j'en suis venue à penser qu'il était peut-être la réincarnation du merveilleux chat que nous avions eu il y a de nombreuses années, car il avait beaucoup de points communs avec lui. Je crois que sa mission sur Terre dans cette dernière vie était de revenir me donner de l'amour inconditionnel, et il s'en est très bien sorti.

Ce qui a déclenché cette conviction est un portrait de Leo, qu'un médium a dessiné en se connectant à lui et que j'ai posé bien en vue dans la pièce où se trouvent mes cristaux de guérison. Ce portrait le représente très bien à l'âge adulte, et ses yeux sont très frappants, comme c'était le cas quand il était en vie. La seule représentation que j'avais de lui était une photo prise alors qu'«il» (je pensais qu'il s'agissait d'«elle» à l'époque) avait huit semaines. Or ce médium n'a jamais vu la photo, et je la remercie pour ce grand portrait de lui. J'avais eu l'intuition de prendre une photo de mes chats une semaine avant la mort de Leo et je m'étais dit : «Ah oui, c'est une bonne idée!» Si seulement je m'étais écoutée. Quoi qu'il en soit, j'ai ce magnifique portrait et je serai à jamais reconnaissante à l'égard de la personne qui l'a dessiné. Elle a utilisé des pastels, et parce que c'était un gros chat noir, cette couleur est très présente, et ses grands yeux dorés sont bien visibles.

DE CHAT À ROI

L'histoire de Patsy nous parle d'un message transmis par un chat spécial.

Ma chatte Sassy m'a toujours fait penser à un lion. Quand je l'ai eue, c'était une magnifique petite boule couleur fauve. Elle avait le poil court et doux, et les gens trouvaient tous qu'elle ressemblait à une petite lionne. En grandissant, elle a conservé son côté espiègle et, à chacun de ses anniversaires, je lui achetais un nouveau jouet. Je trouvais étrange qu'elle ne chasse jamais les oiseaux. Elle se contentait de les observer et elle donnait l'impression qu'ils n'étaient pas assez intéressants pour elle. Pendant de nombreuses années, elle a été ma meilleure amie, et j'avais toujours la sensation de l'avoir déjà connue avant. Quand elle est tombée malade, à l'âge de 17 ans, j'étais dévastée. Je savais qu'elle allait partir, car elle ne cessait de dire au revoir de façons différentes. Par exemple, même si elle était faible, elle avait apporté tous ses jouets pour les empiler près de mon fauteuil. Je la tenais dans mes bras lorsque le vétérinaire lui a administré l'injection, et mon cœur s'est brisé quand j'ai senti son corps se ramollir. Après son départ, la maison semblait vide. Dix-sept ans représentent une importante tranche de vie.

Elle me manquait constamment, si bien que j'aurais voulu recevoir un signe de sa part, mais mon vœu n'était pas exaucé. Ce fut une période très éprouvante pour moi. Un jour, j'ai décidé que cela ne pouvait plus durer et, sur le chemin du travail, je lui ai parlé dans mon esprit : «Sassy, tu dois m'envoyer un signe. Si tu m'entends, si tu es quelque part, montre-moi un chat que je ne peux pas rater en allant au travail.» Je vivais à la campagne, et il n'y avait que deux chats dans le village. Par conséquent, il était rare d'en voir un des deux et presque impossible d'en voir un autre. En conduisant, je restais à l'affût d'un mouvement potentiel dans les haies qui bordaient la route, en vain. Lorsque j'ai pris le dernier virage qui précède l'entrée dans le village, une surprise m'attendait : un cirque allait venir en ville, et cet événement était annoncé par un énorme panneau illustrant un lion rugissant. Sur le coup, j'ai été à la fois sous le choc et ravie de cette découverte, pensant qu'il s'agissait du signe que j'attendais, puis mon esprit logique s'en est mêlé et j'ai commencé à douter. Après tout, je savais que Sassy *ressemblait* à une lionne, mais elle n'en était pas une, et ce panneau avait probablement été installé là le soir précédent, avant même que je demande de recevoir un signe. On dit qu'un esprit sain cherche toujours la réponse logique, mais j'aurais préféré que ce ne soit pas le cas pour moi cette fois-là ! Pourquoi ne pouvais-je pas me contenter de croire ?

J'ai donc décidé de passer à l'action en allant voir un médium. Si celle-ci mentionnait l'histoire du panneau, alors je pourrais le considérer comme un vrai signe. J'y suis allée, et même si la séance s'est bien passée, elle n'a pas mentionné le panneau, ce qui m'a frustrée. À la fin, je lui ai demandé si un chat a essayé de prendre contact avec moi. Sa réponse m'a laissée sans voix. Elle m'a répondu : « Pas un chat en tant que tel, en tout cas pas domestiqué. Je suis sûre que c'est impossible, mais serait-il possible que vous ayez déjà possédé un lion ? » Puis, elle a poursuivi : « Ah, je vois, c'est un message d'une créature qui était un chat dans cette vie. Elle veut que vous sachiez qu'elle a retrouvé sa véritable forme et qu'elle est redevenue ce qu'elle était avant. Votre chatte est de nouveau une lionne. »

L'ÂNESSE QUI PENSAIT ÊTRE UNE JUMENT

Carrie m'a envoyé cette histoire.

Il y a cinq ans, l'ânesse Mildred est entrée dans ma vie. Pendant des années, je n'avais eu que des chevaux, mais je m'estimais désormais trop vieille pour m'occuper d'eux, qu'il s'agisse de poulains ayant besoin d'être dressés ou de chevaux plus âgés ayant connu d'autres foyers — ce qui était souvent synonyme de problèmes. En outre, j'avais décidé de vendre la plus grande partie de mon terrain, car il était devenu fatigant de l'entretenir et les deux hectares que j'en avais conservés n'étaient pas suffisants pour un cheval. Une amie m'a donc convaincue de prendre un âne et quelques moutons pour entretenir le gazon. Les ânes ne portent pas de fers et ne courent pas autant que les chevaux, lesquels auraient retourné la terre en hiver. De plus, comme me l'avait mentionné mon amie, beaucoup d'ânes étaient sans foyer, et nous avions justement un refuge près de chez nous. J'ai découvert qu'elle avait raison en ayant le coup de foudre pour une jolie petite ânesse aux petites oreilles et au doux pelage gris. Je l'ai ramenée à la maison, où elle s'est installée avec bonheur, accompagnée de deux moutons des Hébrides que j'avais également adoptés.

Quelques semaines plus tard, j'ai commencé à remarquer que Mildred, mon ânesse, avait un comportement singulier. En effet, elle s'était mise à tourner en rond et à galoper dans un sens, puis dans l'autre, en formant un cercle, avant de revenir au trot au milieu du cercle, afin de s'assurer repartir avec la bonne patte. (Pour les non-initiés, un cheval galope à gauche ou à droite lorsqu'il maintient une allure à trois temps nécessitant, pour être en équilibre parfait, qu'il amorce son déplacement avec la bonne patte, soit la patte droite pour un cercle vers la droite, ou la gauche pour un cercle vers la gauche.) Chaque jour, Mildred s'entraînait ainsi, toute seule, pendant une demi-heure, sous le regard médusé des moutons. Bien évidemment, je l'observais moi aussi. Après environ une semaine d'entraînement, elle maîtrisait le changement de pied en l'air et elle n'avait plus besoin de revenir au trot au milieu pour changer de patte. C'était incroyable! La première fois qu'elle y est parvenue, elle est venue vers moi en s'ébrouant, l'air de dire: «Tu as vu, j'ai réussi!» À cet instant, alors qu'elle me regardait, mon esprit est retourné 50 ans en arrière, vers un autre regard qui avait pour habitude de fixer le mien. J'avais à cette époque une grande jument grise dont j'étais folle. Je l'avais eue alors qu'elle était âgée de 16 ans, et elle n'avait pas été bien dressée. Pourtant, il y avait chez elle quelque chose que j'aimais vraiment. Elle s'appelait Charisma, et il se trouve qu'elle était très charismatique. J'avais décidé de la dresser, et elle se déplaçait naturellement avec grâce. Je n'avais jamais vu un cheval ayant autant d'équilibre. Elle en avait peut-être trop, car elle ne ressentait jamais le besoin de changer de patte pour galoper à gauche ou à droite. Je n'ai jamais réussi à lui apprendre le changement de pied en l'air — elle n'en voyait simplement pas l'intérêt. Par conséquent, même si nous faisions des compétitions à un niveau novice et y prenions du plaisir, je ne pouvais pas lui faire atteindre l'étape intermédiaire ou avancée, puisqu'elle ne pratiquait pas le changement de pied en l'air. Charisma est morte des suites d'une colique alors qu'elle avait 22 ans, et j'ai cru ne jamais m'en remettre. Tout m'est revenu en tête ce jour-là, et je peux jurer que, lorsque j'ai repris mes esprits, mon ânesse me souriait. Mildred était-elle la réincarnation de mon cheval Charisma qui revenait me faire une faveur? Je ne le saurai jamais avec certitude, mais, à partir de ce jour, Mildred ne s'est plus jamais comportée en cheval, alors je sais ce que je crois.

Je serais intéressée de savoir si les spécialistes du comportement animal trouvent une explication logique à cette histoire. Je l'ai aimée notamment parce que j'adore les chevaux, mais je crois aussi qu'elle nous prouve que les animaux ont une âme, et un bon sens de l'humour!

CHAPITRE 5

Anges animaux

Animaux habités par l'étincelle d'un ange, pour
une période limitée ou pour une vie entière

Les anges se présentent à nous
sous de nombreuses formes différentes, notamment
avec du pelage ou des plumes.

JENNY SMEDLEY

UN CHŒUR D'ANGES POUR GOLDIE
Fausteen m'a raconté cette très belle histoire.

Avant la naissance de notre fille, mon mari est arrivé un
jour à la maison avec deux adorables chatons roux. Nous
les avons baptisés Brownie et Goldie[8] en nous inspirant
de la couleur de leurs colliers. Alors qu'ils avaient environ
18 mois, Brownie a disparu. Puis, j'ai reçu un appel à
mon travail d'un inconnu (ou d'un ange, peut-être ?) bienveillant qui m'a expliqué avoir dû retirer son collier du
corps inanimé de mon chat, qu'il avait trouvé au bord de

---

8. N.d.T. : Brownie et Goldie font référence aux couleurs «brown» et «golden» qui signifient «brun»
et «doré» en français.

la route, pour pouvoir me transmettre cette triste nouvelle.

Ce soir-là, alors que j'étais dans la cuisine avec Goldie et que nous regardions par la fenêtre, celui-ci a émis un bruit de douleur que je ne lui avais jamais entendu et qu'il n'a pas reproduit après, puis il a tourné la tête vers moi avec un air de profonde tristesse.

Goldie est resté avec nous 10 ans de plus, jusqu'au jour où il est tombé malade. Il avait passé la nuit chez le vétérinaire et, sachant qu'il allait mourir, j'ai préféré le ramener à la maison. Avec difficulté, il avait réussi à monter les marches pour chercher ma fille et, ne la trouvant pas dans sa chambre, il a décidé de l'attendre dans le couloir.

Quand ma fille est revenue avec son père, Goldie était dans un piètre état : sa respiration s'était transformée en râle et il ne pouvait presque plus bouger. À cette époque, notre chambre était en travaux, et mon mari et moi dormions dans le salon, mais je suis restée avec Goldie et ma fille, dans la chambre de celle-ci, jusqu'au petit matin. Puis, je suis descendue discrètement au rez-de-chaussée.

Un peu plus tard, une musique m'a réveillée — une musique magnifique et indescriptible. Surprise, j'ai pensé qu'il s'agissait peut-être de notre réveil qui s'était allumé dans notre chambre et j'ai réveillé mon mari pour lui demander d'aller vérifier. Il se trouve que notre réveil était débranché. Mais mon mari a découvert que Goldie nous avait quittés. Quelle était alors la musique que j'avais entendue ? C'était certainement l'Hôte céleste qui accueillait notre cher petit compagnon.

Les anges se servent de tous les moyens possibles pour nous transmettre des messages de nos bien-aimés, et la musique est une méthode dont j'ai souvent entendu parler.

Genevieve Frederick est la directrice administrative et fondatrice d'un organisme qui nourrit les animaux des sans-abris aux États-Unis. Si l'on peut dire que les animaux sont des anges incarnés, son organisme aide certains d'entre eux. Ces animaux rendent la vie plus supportable à ceux qui n'ont rien et leur donnent une raison de s'accrocher à leur vie, aussi misérable soit-elle. Ils donnent de l'amour aux mal-aimés. L'intervention divine semble jouer un rôle certain dans les histoires qui suivent.

LE MEILLEUR DES AMIS

Samedi dernier, j'ai oublié de sortir de ma fourgonnette la nourriture pour les animaux. Comme j'étais fatiguée et qu'il était tard quand je m'en suis rendu compte, j'ai décidé d'attendre le lendemain matin, mais je l'ai complètement oubliée jusqu'au dimanche matin, au moment où nous allions partir pour l'église. Je n'avais pas le temps de la décharger. Je suis donc partie pour chercher mes deux petites-filles. Trop occupée à me dépêcher sur la route, j'ai raté ma sortie, et la prochaine était à 3 km de là. Quand nous sommes arrivées au croisement auquel je devais tourner, le feu était rouge. Alors que je priais pour que le feu passe au vert, j'ai tourné la tête à gauche et j'ai vu un sans-abri qui était accompagné de deux gros labradors. J'ai descendu ma vitre pour lui demander s'il avait besoin de nourriture pour ses chiens, et il s'est empressé de me répondre «Oui!» Je lui ai donné plusieurs sacs. Quand il m'a appris qu'il en avait un troisième, qui n'était pas avec lui, je lui ai remis un sac supplémentaire. En souriant, il m'a lancé : «Que Dieu vous bénisse!» et «Merci!» Les chiens se sont mis à tourner avec enthousiasme autour des sacs, les reniflant et espérant recevoir une petite gâterie. Cet homme ne m'a rien demandé pour lui-même. J'avais pu combler un véritable besoin, et j'étais heureuse d'avoir laissé la nourriture dans ma fourgonnette.

Ensuite, je l'ai renseigné sur l'endroit où il pouvait se rendre pour obtenir de la nourriture pour ses chiens (The Bridge, dans le centre-ville de Dallas, au refuge des sans-abris), et il a de nouveau exprimé sa gratitude sans rien me demander pour lui.

On ne sait jamais à quel moment on aura l'occasion d'aider les animaux des sans-abris. Je ne crois pas qu'il s'agissait d'une coïncidence, mais plutôt que j'avais été guidée vers quelqu'un qui avait vraiment besoin d'aide. Merci de donner à la ville de Dallas l'occasion d'aider ceux qui vivent dans les mêmes conditions.

SI TU M'AIMES, TU AIMERAS MON CHIEN

Cette histoire me vient d'une ancienne sans-abri.

J'ai fait partie de ces gens. Jusqu'à récemment, j'étais sans abri et je vivais dans ma voiture. Mon petit ami et moi dormions sur le canapé de nos connaissances et de nos proches lorsque nous ne pouvions pas nous payer une chambre dans un motel. Il y a six ans environ, je suis entrée dans une maison qui appartenait à l'ami d'un ami. L'homme qui y vivait était censé prendre soin du chien de notre ami mutuel, mais quand je suis arrivée j'ai découvert que le chien était couvert de coupures et d'entailles (nombre d'entre elles étaient ouvertes et saignaient encore) et j'ai donc demandé à l'homme ce qui s'était passé. Il m'a répondu : «Je lui donne des leçons avec la tondeuse à fil. » Il m'a gratifiée d'un sourire narquois et a pointé du doigt le coin de la pièce où se trouvait en effet une tondeuse à fil couverte de sang et de mottes de poils. J'ai immédiatement sorti le chien de là, mais je n'avais pas de maison et encore moins d'endroit où me réfugier avec un chien. Alors, à partir de ce jour-là, j'ai dormi dans la voiture avec le chien, tandis que mon petit ami dormait sur le canapé de la personne chez laquelle nous étions. Mon chien et moi avons passé des hivers et des étés dans la voiture pendant près de cinq ans, car je ne disposais d'aucun endroit où je pouvais aller avec un chien. Il y a environ un an, mes parents m'ont demandé de retourner chez eux, car ils n'aimaient pas me voir dormir dans ma voiture. Ils ont accepté que je garde mon chien, sachant très bien que je n'y serais pas allée sans lui. J'espère que les nombreux sans-abris et leurs animaux qui peuplent la Terre auront la même chance que moi.

MAINTENIR UN RYTHME PARFAIT

Le lien qui unissait Randy Vargas et Foxy, dans les rues de Hoboken, était loin de respecter l'ordre hiérarchique établi entre l'homme et la bête. Randy était un sans-abri âgé de 46 ans, et son dernier emploi stable — un travail dans un atelier d'usinage dont il se souvenait avec mélancolie — était déjà loin. Foxy, quant à lui, faisait partie des races de chiens les moins appréciées. C'était un pitbull femelle tacheté, âgé de 10 ans, aussi massif qu'une camionnette, les oreilles de travers, la face bicolore, le cou blanc et le reste du corps, un mélange peu harmonieux de clair et de foncé.

Pourtant, dans cette ville où les mieux considérés étaient les mieux nantis — les pros de l'immobilier et de la bourse, les golden retrievers au poil lisse et brillant, les terriers du Yorkshire pomponnés et les races à la mode telles que les puggles et les doodles —, il y avait quelque chose de transcendant dans leur relation. Peut-être que, dans un monde de relations obscures, la leur était une leçon de charité, un peu comme une parabole de la Bible. Il l'avait sauvée alors qu'elle n'avait pas de foyer et qu'elle était victime de maltraitance. La pauvre créature maigrichonne vivait avec des sans-abris qui n'avaient que faire d'elle. Sauvée par Randy, elle lui avait apporté à son tour une présence et de l'affection, tout en lui donnant une raison de vivre.

C'est peut-être ainsi que leur relation a permis de révéler le meilleur d'eux-mêmes. En effet, Randy est revenu à la vie et au monde et s'est senti appartenir à cette ville au même titre qu'un nouveau venu accompagné de son labrador noir. Quant à Foxy, elle s'est révélée être une créature d'une douceur infinie, toujours affectueuse avec les gens et les animaux, et remuant la queue au moindre regard. Son comportement n'avait rien de celui d'un pitbull.

Si vous étiez passés par Hoboken, vous les auriez certainement rencontrés, assoupis devant le Saints Peter and Paul Parish Center, en visite à l'hôpital pour animaux de Hoboken, ou en promenade dans les rues de la ville — Foxy marchant à la même cadence que Randy, lequel portait des couches de pulls et de tee-shirts provenant de la friperie de l'hôpital Saint Mary's.

Cheryl se souvient d'avoir croisé M. Vargas alors qu'il se reposait à l'ombre, sur les marches en béton d'un immeuble, par un week-end du mois d'août où la chaleur était accablante. Randy était couché sur le dos et Foxy était dans la même position sur la marche du dessous. C'était l'image parfaite d'un homme et de son chien, avait-elle dit, avant d'ajouter : « Ce chien avait vraiment une âme profonde. » Tous ceux qui les connaissaient allaient dans le même sens : M. Vargas prenait mieux soin de son chien que de lui-même. En plein hiver, il donnait toutes les couvertures au chien, et se couchait à même le sol, ce dont un employé de l'hôpital vétérinaire de Hoboken avait été témoin. « S'il pleuvait, l'homme protégeait le chien avec un parapluie avant de le faire pour lui-même », avait-il confié à ce sujet.

Mais on a peu de marge de manœuvre quand on est au bas de l'échelle sociale. L'hiver dernier, il a été arrêté, accusé d'avoir fait des remarques menaçantes à des femmes. Il a été mis hors de cause, et ses amis affirment que les choses n'auraient jamais dû aller aussi loin. Mais Mme Murphy a dû sauver Foxy de la fourrière, où elle aurait certainement été euthanasiée.

Tout s'est terminé si vite que les gens ont encore du mal à se l'expliquer. Foxy avait rarement été vue sans sa laisse, mais ce matin du 19 mars, dans le parc, elle n'en avait pas. Apercevant de l'autre côté de la rue Hudson un chien qu'elle connaissait, elle s'est précipitée vers elle et a été frappée par une camionnette blanche qui a brièvement ralenti avant de repartir à toute allure. M. Vargas tenait sa chienne dans les bras alors que du sang coulait de sa gueule, et il faisait des signes aux voitures qui passaient, sans qu'aucune ne s'arrête. Il a donc transporté cette masse d'une trentaine de kilos, dont il sentait les os brisés, aussi loin qu'il a pu, avant de la déposer et de courir à l'hôpital vétérinaire. Malheureusement, il était trop tard.

Des gens passent devant cet hôpital tous les jours, retenant leurs larmes, pour faire des dons — plus de 900 dollars jusqu'à présent. Certains de ces dons proviennent de gens qui connaissaient M. Vargas et son chien, mais la plupart viennent de personnes qui avaient la sensation de les connaître. L'un sans l'autre, ils seraient passés inaperçus. Ensemble, ils étaient immanquables.

À différents égards, ils sont encore là tous les deux. La photo de Foxy est accrochée dans la vitrine de certains magasins, et sur ce cliché, elle porte un tee-shirt rouge sous un pull gris, le regard tourné vers la droite, telle une sentinelle, extraordinaire représentation d'un mélange entre le chien et l'homme. Depuis l'accident, M. Vargas a ses bons et ses mauvais jours. Parfois, il semble en forme et se promène dans les rues, et à d'autres moments, on lui voit la mine défaite et l'air abattu, couché sur le sol, recouvert de sa couette rouge. Il a confié à un ami : « J'ai la sensation d'avoir un trou dans l'âme. »

L'hôpital vétérinaire a prévu offrir à M. Vargas un pendentif pouvant contenir une partie des cendres de Foxy, pour qu'il les ait toujours autour du cou. Ses amis lui rendent régulièrement visite, lui apportent de la nourriture et lui parlent de la possibilité d'avoir un endroit pour vivre. Son entourage parle également de lui offrir un autre chien quand il sera prêt, ce qui n'est pas encore le cas.

« Il en va de même avec la plupart des relations, confie M. Vargas, blotti sous sa couverture rouge. Il faut attendre le bon moment. »

NOUS DEUX

Il y a de nombreuses années, j'ai vécu dans la rue. J'avais un rat à capuchon comme animal de compagnie, et c'était la première fois que je possédais un rat. Il s'appelait Benjamin. En y repensant, je suis maintenant convaincue que son alimentation n'était pas saine pour un rat. Mais il n'a jamais eu faim. Nous partagions tout ce que nous trouvions à manger. Il dormait dans une boîte en carton et s'y plaisait beaucoup. Étrangement, il n'a jamais essayé de s'enfuir. Quand je dormais dans des parcs ou au bord de l'eau, Ben se blottissait dans ma veste. Parfois, au milieu de la nuit, quand l'ambiance devenait sinistre, le simple fait de sentir le petit corps de Ben contre moi me permettait de garder mes esprits.

Quand il a été trop vieux pour continuer à vivre dans la rue, la fondatrice de Mustard Seed [un foyer accueillant les plus démunis] l'a prise avec elle. Ben s'est retrouvé dans un énorme aquarium (qui devait contenir au moins 200 L, à moins que mes petits yeux m'aient trompée sur sa taille), et il a eu tout ce qu'un rat peut désirer. À cette époque, les rues devenaient un peu plus dangereuses. Aujourd'hui, j'ai encore les larmes aux yeux lorsque je pense à lui. Il était fantastique.

Lorsque je vois que des personnes comme Genevieve, la fondatrice de Mustard Seed, prennent soin des sans-abris et de leurs compagnons angéliques, cela me donne foi en la nature humaine.

FAIS UNE PAUSE!

Gemma m'a raconté l'histoire suivante.

Ma chatte, Kitkat, est une sorte d'ange gardien avec ma fille. Quand nous avons eu Kitkat, alors qu'elle n'était qu'un chaton, ma fille était encore un bébé. Depuis, Kitkat ne l'a jamais quittée. Si elle voit Hannah faire quelque chose de dangereux, comme essayer de toucher le feu ou la marmite chaude, ou si elle tombe, Kitkat va miauler jusqu'à ce que Hannah arrête ce qu'elle fait ou que quelqu'un l'entende et vienne l'aider. Si Hannah pleure, Kitkat se précipite près d'elle et lui lèche le visage comme s'il s'agissait d'un de ses bébés, jusqu'à ce qu'elle l'ait consolée. Elle ne se comporte pas du tout comme un chat. Par exemple, si mes hamsters s'échappent, elle les attrape un par un avec douceur pour nous les rapporter et elle prend garde de ne pas les blesser. Elle sait qu'ils font partie de la famille et qu'ils ne doivent pas sortir. Elle les surveille jusqu'à ce qu'ils soient en sécurité dans leur cage.

Stephanie nous raconte maintenant l'histoire d'un épagneul springer anglais d'une grande vivacité.

LE CHIEN INTUITIF

En juillet 2007, mon frère a donné un chiot épagneul springer femelle à mes filles, Sarah et Ciara. Ce fut tout d'abord l'excitation de devoir lui trouver un nom, et notre choix s'est arrêté sur Sparkle[9], ce qui lui a toujours été comme un gant. Dès l'instant où elle est arrivée, elle a été une grande source de plaisir et d'amusement. Au début, lorsque je méditais, elle gémissait de l'autre côté de la porte jusqu'à ce que je la laisse entrer, et ces moments passés ensemble nous ont permis de créer un lien profond.

Je suis tombée malade au cours de l'année qui a suivi, et Sparkle avait pris l'habitude de s'allonger sur moi et de me suivre partout, comme pour me protéger. Elle est très intuitive et a saisi toutes les occasions possibles pour me réconforter. Mes filles étant à l'école et mon mari au travail, cette présence canine m'a aidée à traverser une période difficile grâce à son amour inconditionnel. Je pense qu'elle nous a été envoyée pour nous aider à surmonter cette épreuve. Depuis, nous avons également adopté une petite chienne en partie Husky qui se trouvait dans un refuge pour animaux et l'avons appelée Crystal. Toutes les deux sont très intuitives et réceptives à nos énergies. Nous avons beaucoup de chance de les avoir auprès de nous.

---

9. N.d.T. : *Sparkle* signifie « étincelle » en anglais.

Je viens de lire une histoire incroyable dans le journal. On y parle d'un directeur d'école retraité du nom de John Lawes. M. Lawes avait l'habitude de promener son chien régulièrement (malheureusement, le journaliste n'a pas jugé nécessaire d'indiquer le nom du chien ni sa race, ce qui est tristement révélateur de l'importance qu'il accorde aux animaux!). Un soir, sa femme aurait remarqué que leur chien avait un comportement étrange. En effet, celui-ci restait assis, à observer son maître d'un air interrogateur. Le voir agir ainsi était tellement inhabituel que Mme Lawes a demandé à son mari si quelque chose d'anormal s'était produit. Il lui a confié que, pendant la promenade, il s'était pris les pieds dans la laisse, ce qui avait provoqué une grosse chute. Il s'était cogné la tête, mais celle-ci avait heurté une partie plus molle du sol, et tout allait bien, d'après lui. Mme Lawes est allée se coucher et, un peu plus tard, elle a entendu son mari crier. Elle s'est précipitée au rez-de-chaussée et l'a retrouvé étendu sur le sol, sans connaissance. Immédiatement, elle a appelé l'ambulance. Malheureusement, il était trop tard, car M. Lawes avait été foudroyé par une hémorragie cérébrale. Mme Lawes s'est ensuite interrogée sur la possibilité que leur chien ait essayé de les prévenir, ayant décelé que son mari n'allait bien qu'en apparence.

LA MAGIE DE NOËL

Kathleen m'a raconté cette belle histoire.

Quand Alfie est arrivé chez nous, c'était une boule de poils blanc et roux, et ce petit chaton est devenu magnifique en grandissant. Sa queue ressemblait à celle de Basil Brush[10] et il avait une magnifique crinière qui le faisait ressembler à un lion. Il était nerveux mais très affectueux. Même s'il aimait particulièrement courir après les pigeons dans le jardin, il n'en a jamais attrapé. Nous l'aimions tous profondément. Il faisait partie de la famille et il attendait toujours notre retour en haut de l'escalier. S'il était assoupi lorsque nous arrivions, nous l'entendions sauter dès que nous ouvrions la porte et se précipiter pour venir nous accueillir. Alfie n'a été malade qu'une fois — deux mois avant sa mort, alors qu'il avait à peine trois ans. Il avait attrapé un virus que nous avons immédiatement fait traiter, ce qui lui a permis de retrouver la forme 24 heures plus tard. Par chance, ma fille est venue passer deux jours à la maison, car, nous ne le savions pas encore, mais ce fut la dernière occasion pour elle de le voir. Alors que nous regardions la télévision tous ensemble, il s'est soudainement levé et s'est assis en promenant son regard dans la pièce et en fixant le plafond comme si une chose plutôt effrayante s'y trouvait. Pour plaisanter, mon fils a lancé : « Il a dû voir un fantôme ! » Le lendemain, ma fille a fait longuement ses habituels câlins et au revoir avant de retourner à l'université, pendant que mon mari s'impatientait dans la voiture. Puis, le matin suivant, Alfie m'a réveillée comme il le faisait toujours, debout sur ses pattes arrière, miaulant près de mon oreiller, comme s'il me parlait. Je me suis levée pour le faire sortir dans le jardin. C'était une magnifique matinée d'été. Je l'ai observé pendant qu'il courait dans tous les sens en essayant d'attraper des papillons et des pigeons. Il avait l'habitude d'attendre et d'observer ses « proies » sous son buisson de roses favori. Puis, je l'ai vu se lancer à l'assaut d'un pigeon et égratigner la clôture dans ses efforts pour l'attraper.

---

10. N.d.T. : Nom d'une marionnette très réputée aux États-Unis. Celle-ci est particulièrement fière de sa queue. En anglais, brush signifie « queue de renard ».

Je suis ensuite allée à l'étage pour me préparer, pendant que mon mari rentrait Alfie pour lui donner à manger, avant d'aller m'attendre dans la voiture avec notre fils. Soudain, j'ai vu Alfie monter les marches d'une manière très inhabituelle. Il avait l'air effrayé et se dirigeait vers moi lorsqu'il est subitement tombé par terre. Je me suis précipitée vers lui, pensant qu'il faisait peut-être une crise d'épilepsie après avoir avalé une abeille. Alors que j'allais descendre l'escalier pour alerter mon mari, je l'ai entendu expirer (c'était son dernier souffle, quelque chose de totalement nouveau pour moi). Je me souviens avoir touché sa joue, juste au-dessous de ses yeux, en lui disant combien je l'aimais. Puis, je me suis précipitée en bas et mon mari est revenu avec moi. Nous avions peur de toucher Alfie dans l'éventualité d'une crise d'épilepsie. En réalité, je savais qu'il était mort, mais je refusais de l'accepter. Mon mari l'a pris dans ses bras et m'a regardée avec un air entendu. J'ai su qu'il était vraiment parti et je me suis effondrée.

Nous avons emmené Alfie chez le vétérinaire, qui a diagnostiqué une probable crise cardiaque. Nous lui avons fait nos adieux et lui avons dit combien nous l'aimions, puis nous lui avons demandé d'aller vers la lumière, là où sa famille l'attendait. Le perdre nous a brisé le cœur. La semaine qui a suivi, à deux reprises alors que j'étais assise seule, je pourrais jurer l'avoir entendu miauler à côté de moi. La première fois, j'ai pensé que mon imagination me jouait des tours, mais, la deuxième fois, j'ai reconnu le bruit qu'il faisait quand il bâillait.

Quelques semaines plus tard, alors que nous faisions nos bagages pour partir en Cornouailles, mon fils nous a crié de sortir à l'extérieur. Un pigeon était posé sur le rebord de la fenêtre. Puis, il a traversé le couloir pour se rendre dans le salon, a fait demi-tour pour aller dans le salon, avant de ressortir par la porte du patio que mon mari lui avait ouverte. Je pense que ce pigeon était le signe qu'Alfie était là, car il vouait une véritable passion aux pigeons.

Je suis récemment allée à la jardinerie, et les décorations de Noël avaient été sorties. Il y avait une zone de soldes où se trouvaient une décoration de chat déguisé en père Noël et un petit manège musical. Je l'ai remonté pour entendre sa mélodie, et quelle ne fut pas ma surprise lorsque j'ai entendu la chanson *You are my sunshine*, car c'est ce que je chantais à Alfie le jour où nous avons ramené ses cendres à la maison.

Je pense, comme Kathleen, qu'il s'agissait bien d'un signe d'Alfie. Si on y pense, une chanson portant sur le soleil qui brille n'est pas vraiment ce que l'on s'imaginerait entendre d'une décoration de Noël!

DES ANGES AILÉS

Voici l'histoire de Maggie.

Smudge était un canari, et non un chien ou un chat comme vous vous y attendiez peut-être. Il vivait en compagnie de son partenaire, Sam, jusqu'à ce que ce dernier ait une attaque, et malgré tous les efforts du vétérinaire, son état a empiré, m'obligeant à faire piquer le pauvre oiseau. J'avais entendu parler du Pont de l'arc-en-ciel, où se retrouvent nos animaux jusqu'à ce qu'il soit temps pour nous de passer dans l'Autre Monde, mais je n'imaginais pas que la transition puisse être aussi rapide.

Quelques jours plus tard, Smudge semblait réagir à une présence invisible. Il était agité et fixait le plafond, ce qui m'a donné l'idée de prendre une photo de lui. Un léger halo apparaissait autour de la cage. Je pense que Sam nous rend régulièrement visite pour voir comment se porte Smudge, et mes dons psychiques me permettent de sentir sa présence dans la pièce, parfois pendant un court instant. Un jour, le flash de mon appareil ne s'est pas déclenché, même si j'avais mis de nouvelles piles dans l'appareil, et il ressortait de mes clichés une lumière bleue, presque ultraviolette, que les canaris et les perruches ont la capacité de percevoir. J'en ai conclu que Smudge avait enfin eu la possibilité de voir Sam. Après cet épisode, Sam a semblé satisfait, et mon appareil photo s'est remis à fonctionner normalement.

CHAPITRE 6

Guérisseurs magiques

Animaux qui ont guéri leurs maîtres ou qui ont
aidé leurs maîtres à guérir d'autres personnes

*Certains animaux savent exactement avec qui ils sont
censés être et déploieront tous les efforts nécessaires
pour accomplir leur destin.*

JENNY SMEDLEY

L'INFIRMIÈRE CASSIE

Jo m'a envoyé cette histoire.

Ma chienne Cassie est née d'un croisement entre un bull-terrier du Staffordshire et un bull-terrier anglais, et nous l'avons adoptée en 2009 par l'intermédiaire du refuge Dogs Trust Roden, dans le comté de Shropshire. Je souffre de dépression clinique, mais il m'arrive souvent d'aller bien, et j'ai également appris, au fil des ans, à «faire bonne figure». Cassie sait toujours quand je vais mal et ces jours-là, elle met de côté son naturel énergique et remuant pour se comporter avec calme et douceur à mon égard. Et au lieu de me grimper dessus comme elle le fait toujours, elle s'assied à côté de moi et pose sa tête sur mes genoux.

Elle ressemble beaucoup à Jess, la chienne que nous avions adoptée lorsque j'avais 11 ans et qui était restée avec nous jusqu'à mes 22 ans. J'étais victime de violence à l'école, et il se trouve que nous avions également adopté Jess au Dogs Trust Roden. Quand je revenais de l'école après une mauvaise journée, je m'enfermais dans ma chambre et me laissais aller à pleurer (le plus discrètement possible pour que mes frères ne puissent pas m'entendre !). Mais, au bout d'un moment, j'entendais Jess gratter derrière la porte. Elle venait toujours me réconforter et prendre soin de moi. Parfois, j'ai l'impression que Cassie est la réincarnation de Jessy. Elles ont les mêmes yeux magnifiques, et quoique leurs personnalités soient différentes (Jess était très timide, tandis que Cassie a une grande confiance en elle !), je ressens une connexion similaire entre nos âmes. Cassie semble même deviner mes pensées. Parfois, je la promène en pensant «Cassie, si tu as besoin de te soulager, c'est le moment ! La prochaine poubelle est très loin !» Elle me regarde alors, puis elle fait ses besoins !

LES AILES D'UN ANGE

Hailie a partagé son histoire avec moi.

J'avais un lapin, Tyler, dont j'étais très proche. Il est apparu dans ma vie à une période difficile, m'a aidée à m'en sortir avec son amour et son affection, et m'a permis de réaliser que le monde n'était pas si mauvais, tout en me montrant, par l'exemple, ce qu'était vraiment l'amour. Malheureusement, il est mort deux ans et demi après, ce qui m'a bouleversée. En y repensant, je me demande s'il m'a été envoyé pour me guérir. Peut-être devait-il repartir une fois sa mission accomplie, car j'étais installée dans une relation, nous avions un fils et j'étais enceinte de notre fille lorsqu'il nous a quittés. Tyler avait également une tâche autour du nez qui ressemblait aux ailes d'un ange. Il s'agit peut-être d'une pure coïncidence, mais il m'a aidée à tant de niveaux qu'à mes yeux il sera toujours mon ange gardien.

UN ANGE TERRESTRE

Restons sur le sujet des anges avec l'histoire de Monika.

Hier, mon «ange terrestre», Wilma, s'en est allé vers le Pont de l'arc-en-ciel. Elle était vraiment mon ange sur Terre. Elle était apparue dans ma vie il y a 11 ans, à l'âge d'un an et demi. Je l'avais libéré d'un foyer qui ne voulait pas d'elle. Ce que ces gens ont perdu, je l'ai gagné. Ils n'ont jamais réalisé la chance qu'ils avaient. Dès l'instant où j'ai rencontré Wilma, celle-ci m'a tout donné. Elle n'a jamais été à moi, car elle aimait tout le monde, mais elle m'a surtout donné la volonté d'avancer malgré les épreuves. Elle m'a acceptée telle que j'étais, et je n'ai jamais eu à faire semblant avec elle. Cet aspect est très important pour moi, car j'ai toujours éprouvé des difficultés dans mes relations et ne m'entends pas très bien avec les êtres humains. Ma vie tout entière m'a toujours posé problème. Chaque fois que les choses semblent s'améliorer, elles se détériorent de nouveau. J'ai deux autres chiens, mais ils ne sont pas comme Wilma. Je les aime, mais notre relation est différente. À cet instant, je me sens seule et triste, et je ne sais pas comment continuer sans avoir mon ange sur Terre auprès de moi.

L'histoire de Monika m'a beaucoup peinée, mais parce que Wilma est, de toute évidence, apparue dans sa vie pour la guérir et l'aider, je sens qu'elle reviendra, car son travail ici n'est pas terminé.

VIENS DEHORS!

L'histoire de Josie est inspirante (j'ai inventé le nom de Josie, car elle occupe maintenant un poste important qu'elle ne veut pas compromettre).

Vers la trentaine, j'ai commencé à être agoraphobe. Je venais d'avoir une fille et les médecins pensaient que je souffrais de dépression postnatale. Mais les choses ont empiré. D'abord, je ne voulais pas promener Charity, notre fille, dans sa poussette. Mon mari, Dave, m'a donc acheté un gros landau comme on en faisait avant, pensant qu'à mes yeux Charity y serait davantage en sécurité. Au début, cela m'a aidée, mais au fil du temps, j'ai trouvé des excuses pour ne plus aller dehors : il faisait trop froid, trop chaud, il y avait trop de vent, je n'avais pas le temps, je devais attendre une livraison, etc. Nous ne sortions plus qu'en voiture. Quelques mois plus tard, j'ai dû demander à Dave de laisser la voiture dans le garage lorsque je devais y monter. Ensuite, j'ai refusé de sortir lorsqu'il faisait nuit. Puis, il lui a fallu me déposer juste devant le magasin où je devais faire mes courses et me chercher au même endroit un peu plus tard. Rapidement, je me suis arrangée pour que mes courses me soient livrées et pour acheter tout le reste par Internet. J'avais toujours eu l'intention de reprendre le travail, et je le souhaitais vraiment, mais il m'était impossible de le faire. La situation a atteint son paroxysme lorsque j'ai réorganisé le mobilier de façon à ne pas avoir à passer par le milieu des pièces pour les traverser. Dave s'est montré très patient, mais il a commencé à maudire le fait que toutes les pièces étaient difficilement accessibles. Il y avait toujours quelque chose en travers du chemin. J'ai pensé qu'il allait me faire interner, mais au lieu de cela il m'a rapporté un chien. Un de ses collègues de travail cherchait désespérément à lui trouver un foyer. C'était un berger shetland nommé Jay, et la femme de ce collègue en avait assez de retrouver des poils partout et de devoir le brosser en permanence. J'avais toujours aimé les chiens, mais Dave me semblait avoir choisi le mauvais moment pour prendre celui-là! Je n'arrivais même pas à sortir notre fille pour une promenade; comment allais-je faire avec un chien? Rester devant la porte ouverte m'était impossible, alors il n'était pas envisageable de faire sortir le chien dans le jardin. Malgré tout, j'aimais ce chien. J'aimais le brosser quand Charity dormait; d'une certaine façon cela m'apaisait. Je ne pensais à rien d'autre lorsque je brossais son pelage soyeux. Mais il lui fallait attendre le soir, au retour de Dave, pour aller se promener. J'avais trouvé le moyen de le faire sortir dans le jardin de devant pour qu'il puisse faire ses besoins. La porte qui donnait sur notre porche se trouvait sur le côté, et je parvenais à l'ouvrir, car elle ne faisait pas face à la route. Je ne sais pas comment j'y suis arrivée, mais le fait est que cela fonctionnait. J'ouvrais la porte juste assez pour que Jay puisse sortir, je la refermais en vitesse et je l'observais derrière la fenêtre, avant de recommencer le même manège lorsqu'il voulait rentrer. Cette méthode a fonctionné un certain temps, mais Jay a fini par avoir envie que je sorte avec lui. Or cela m'était impossible. La situation était difficile, car je me sentais limitée, et Jay s'asseyait à côté de moi et posait la tête sur mon genou en me regardant avec gravité, comme s'il essayait de trouver le moyen de m'aider.

Dave avait fait jurer au facteur de toujours fermer le portail du jardin derrière lui, et celui-ci n'avait jamais failli à sa parole. Quant à moi, je demandais aux commerçants qui me rendaient visite de refermer le portail, et ils le faisaient sans exception. Mais un jour, vers la fin du printemps, nous avons eu un facteur de remplacement, et j'ai remarqué trop tard qu'il avait laissé le portail ouvert derrière lui. En effet, Jay se dirigeait vers la sortie. Je l'ai appelé, et même s'il tournait la tête pour me regarder, il continuait à avancer lentement, comme s'il me mettait au défi d'aller le chercher. Lorsqu'il a atteint le trottoir, je commençais à perdre la voix à force de hurler et j'avais réveillé Charity, qui s'était jointe à moi pour crier de plus belle. Pourtant, Jay continuait à avancer. Il a fait un pas ou deux sur la route, jetant un coup d'œil vers moi pour voir ma réaction. Subitement, j'ai réalisé avec horreur qu'un camion-citerne arrivait sur la route. Jay se trouvait entre deux voitures garées. Il m'a lancé un regard et j'ai compris : si je ne sortais pas le rattraper, il avancerait encore et le camion-citerne n'aurait pas le temps de s'arrêter pour l'éviter. Ce fut le coup de semonce. Je suis sortie de ma paralysie pour me précipiter dehors. Alors que je m'approchais de lui, sa gueule s'est ouverte en un sourire de triomphe. J'ai attrapé son collier et le camion nous a frôlés en provoquant un grand courant d'air et en nous recouvrant de poussière.

Plus tard, dans l'après-midi, j'ai mis Charity dans son landau, attaché la laisse de Jay à la poignée et, les jambes flageolantes, je me suis aventurée jusqu'au parc, j'en ai fait le tour et je suis revenue chez moi. J'ai même cueilli quelques narcisses (ce qui était interdit!) pour prouver à Dave que j'étais bien sortie.

Josie m'a confié que l'année suivante, elle a été approchée pour un poste très intéressant et que tout s'est mis en place dans sa vie. Elle a trouvé une très bonne garderie, et juste au moment où elle se demandait qui pourrait s'occuper de Jay, elle a rencontré une femme qui souffrait de boulimie et qui éprouvait des difficultés financières. Lorsque Josie lui a demandé si elle aimerait avoir la compagnie d'un chien extraordinaire pendant la journée, elle a accepté avec plaisir. Josie avait le sentiment que Jay pourrait peut-être faire des miracles avec elle aussi. Je vous dirai si elle avait raison dans mon prochain livre.

LES LEÇONS DE TYSON

Simon, un coach en réussite en Australie, m'a envoyé cette histoire, qui m'a touchée aux larmes. Elle est magnifique, et j'espère que vous me pardonnerez si elle vous oblige, vous aussi, à sortir les mouchoirs. Cela dit, j'ai ajouté à la fin de son récit un suivi qui, je l'espère, vous permettra de retrouver le sourire. Si vous souhaitez entrer en contact avec Simon, les coordonnées de son site Web sont présentées dans le chapitre «Ressources» de ce livre.

En tant qu'écrivain et coach en réussite, j'ai passé la plus grande partie de ma vie à étudier ce qui pousse les êtres humains à agir comme ils le font, comment fonctionnent les relations humaines et ce qui nous rend heureux — ou malheureux. Avec passion, j'ai investi du temps et de l'énergie non pas dans le but de gagner de l'argent et d'accumuler des biens matériels, mais plutôt pour apprendre comment être une source d'inspiration pour les autres — et pour moi-même — dans le but d'être le plus heureux possible.

Au cours de ce cheminement, j'ai eu la chance de profiter des enseignements de personnes inspirantes et empathiques, notamment des spécialistes en croissance personnelle de renommée mondiale. Pourtant, pendant tout ce temps, mon guide le plus intelligent, le plus inspirant, le plus doux et le plus attentionné ne fut pas un « gourou » ni un spécialiste, mais Tyson, mon chien fidèle et adorable.

Avant de rencontrer Tyson, je savais que je souhaitais être coach en réussite, mais le fait que je ne m'aimais pas complètement avait créé une blessure au fond de mon cœur qui m'empêchait de réussir vraiment. Des millions de gens sont confrontés au même scénario. Aujourd'hui, grâce à Tyson, je suis coach en réussite, ma blessure a cicatrisé et je mène l'existence de mes rêves en aidant les autres à se guérir. Tout cela a été possible grâce à un chien bienveillant qui m'a appris ce que personne d'autre n'avait jamais pu m'apprendre : m'aimer!

Tyson est apparu dans ma vie il y a neuf ans, d'une façon remarquable, à une période où mon avenir professionnel était confus, où ma relation amoureuse battait de l'aile et où je souffrais d'un sentiment de solitude que je m'étais imposé à moi-même en réalisant que même si j'avais beaucoup d'amis, je n'avais jamais rencontré personne, au cours de toutes ces années — et de tous mes voyages — qui me ressemble. Mais je continuais à penser qu'un jour, les choses changeraient. Je me sentais marginal, anormal, un peu comme un extraterrestre sur une planète qui lui est étrangère. J'avais certes deux yeux, deux oreilles et un nez, mais les pensées et les sentiments qui m'habitaient paraissaient différents de ceux des autres. J'avais l'impression de ressentir toutes les émotions avec plus d'acuité que les autres personnes. Pour un homme, je pleurais beaucoup — principalement face aux images de souffrance diffusées aux informations. Les histoires de guerre, de famine, ou, pire que tout, de cruauté envers les animaux, me brisaient le cœur comme si j'étais à la place des victimes.

J'aspirais à donner de l'amour inconditionnel, mais je ne savais pas comment m'y prendre. Je me suis donc refermé sur moi-même pour plonger dans une dépression de plus en plus profonde.

Puis, un jour, j'ai reçu un coup de fil de Nicole, une amie proche. Elle savait que j'allais mal et que ma merveilleuse petite amie de l'époque, Dana, n'allait pas bien elle non plus. Elle m'a donc suggéré de prendre soin du chien de ses amis qui retournaient en Angleterre et cherchaient quelqu'un pour s'occuper de lui pendant six mois, jusqu'à ce qu'il aille les retrouver. Au Royaume-Uni, la loi concernant la mise en quarantaine pour la rage propose deux solutions aux personnes qui vivent à l'étranger et souhaitent y amener leur chien : soit elles les font voyager en même temps qu'elles et laissent leur chien à l'arrivée dans une cage pour qu'il soit mis en quarantaine pendant six mois dans un environnement épouvantable, soit elles choisissent l'option plus agréable consistant à lui administrer un vaccin contre la rage et à le laisser dans un foyer qui l'accueillera pendant six mois et qui le mettra ensuite dans l'avion en direction du Royaume-Uni. Telle était donc la proposition que me faisait Nicole : nous occuper d'un chien — qui était, selon sa propre description, de la taille d'un petit lion — pendant six mois, pour le mettre ensuite dans un avion vers l'Angleterre.

J'ai décliné l'offre de Nicole, en partie parce que prendre soin d'un gros chien m'apparaissait comme un fardeau, mais aussi parce que notre jardin était petit, ce qui me semblait injuste pour lui. Je n'avais jamais eu de chien. Quand j'étais jeune, mon père avait un labrador noir femelle nommé Bess, et je l'aimais de tout mon cœur, mais j'étais un enfant lorsqu'elle est morte, ce qui me donnait l'impression de ne pas avoir les compétences nécessaires pour m'occuper de ce chien. Nicole a insisté. Ses amis commençaient à paniquer, car ils devaient partir quelques semaines plus tard et n'avaient trouvé personne pour s'occuper de leur chien. Quand j'ai posé plus de questions, Nicole m'a appris qu'il s'agissait d'un chien particulièrement imposant, âgé de quatre ans et portant le nom de Tyson. Il était issu d'un croisement entre un rottweiler et un berger allemand. Imaginez un chien énorme à moitié rottweiler, à moitié berger alle-mand et pesant 50 kilos, et vous comprendrez quelle vision a surgi dans mon esprit! Je m'imaginais le style de chien d'attaque utilisé par les nazis dans les rondes de surveillance autour des horribles camps de concentra-tion, tout en muscles, avec des dents et une mâchoire suffisamment puissantes pour vous couper une jambe. J'ai donc refusé poliment. Nicole avait l'air triste, mais elle m'a assuré qu'elle comprenait, et je pensais que l'affaire était classée.

La semaine suivante, elle m'a appelé de nouveau.

«Tu es sûr? m'a-t-elle demandé. Je crois que la pré-sence d'un chien te serait tellement bénéfique. Pourquoi n'irais-tu pas simplement le rencontrer?» Chloe et Paul, les maîtres de Tyson, partaient deux semaines plus tard et n'avaient toujours trouvé de foyer d'accueil pour lui. Ils allaient devoir le mettre dans une cage pendant six mois, ce qui les inquiétait beaucoup. «C'est un chien magni-fique, pas du tout ce que tu imagines, a poursuivi Nicole. Je sais que tu l'aimeras et je sens que... vous êtes faits pour vous rencontrer.»

Mais ma décision était prise.

Quelques jours plus tard, elle m'a rappelé. «Quelque chose me dit que c'est toi qui dois prendre soin de Tyson, m'a-t-elle lancé. Je ne sais pas pourquoi, mais j'en ai l'intuition.»

En y repensant, je ne sais pas si ses propos ont eu une influence sur moi. Tout ce que je sais, c'est que j'ai refusé une troisième fois et qu'en raccrochant, je me suis senti comme Pierre, après qu'il eut renié Jésus trois fois... comme si j'avais très mal agi, mais sans savoir pourquoi.

Le mercredi suivant — quatre jours avant la date où Chloe et Peter devaient partir en laissant Tyson dans une cage derrière eux —, j'attendais à l'extérieur d'un magasin de réparation de motos, à 30 km de la ville, pendant que les mécaniciens faisaient la révision annuelle de ma chère Kawasaki, lorsque mon téléphone mobile a sonné. C'était Nicole.

— Je sais que tu ne veux pas de lui, m'a-t-elle immédiatement lancé, mais j'ai voulu essayer une dernière fois. Ils n'ont trouvé personne pour s'occuper de lui, et ils partent dimanche.

En entendant le ton désespéré de sa voix, j'ai compris à quel point j'avais été égoïste et j'ai été profondément désolé pour ce pauvre chien. Aucun animal ne devrait être mis en cage, et encore moins pour six mois et loin de sa famille.

— D'accord, ai-je répondu. Le moins que je puisse faire est de le rencontrer, mais je ne te promets rien.

Nicole était euphorique. Je lui ai demandé où vivaient Chloe et Paul, pensant que je pourrais m'y rendre une fois la révision de ma moto terminée. Sa réponse m'a donné la chair de poule, et j'en ai presque fait tomber mon téléphone. Ils habitaient à des kilomètres de la ville, loin de là où j'habitais. Je ne me rendais dans ce magasin de réparation qu'une fois par an pour la révision de ma moto, mais il se trouve que, ce jour-là, je me trouvais à environ deux minutes de marche de chez eux !

Je me demande souvent ce que je ressentirais si j'avais 90 ans et que je repensais à ma vie, dans le confort de ma berceuse favorite. Quel serait mon plus grand regret ? Quelle serait ma plus grande fierté ? Quel serait mon plus beau souvenir ? Je n'ai pas de réponse aux deux premières questions. Mais la troisième est facile.

Lorsque Chloe et Paul m'ont ouvert la porte, ils se sont pour ainsi dire jetés dans mes bras tellement ils étaient enthousiastes. J'ai essayé de les calmer en leur expliquant que j'étais venu pour rencontrer Tyson et que je n'avais pas encore accepté de m'en occuper. Mais mes paroles ont fait place à un silence de stupeur lorsque j'ai vu arriver derrière eux et bondir vers moi, tel un ours laineux géant, le chien le plus heureux et le plus magnifique qui fut. Tyson s'est précipité vers moi avec ses grosses pattes poilues, en remuant la queue, puis s'est jeté dans mes bras comme s'il retrouvait un ancien amour, me faisant tituber contre la porte, tandis qu'il me gratifiait de baisers humides.

Peut-être savait-il que je le sauvais d'un séjour en cage, à moins qu'il ait reconnu en moi son âme sœur. Une chose est sûre : ce fut le coup de foudre, pour lui comme pour moi. Quand je me suis retrouvé contre lui, j'ai eu l'impression d'être enfin chez moi, pour la première fois en 42 ans. En sa présence, un déclic s'est produit en moi. Sur le coup, je ne savais pas de quoi il était question, mais, avec le recul, j'ai compris qu'à cet instant ma guérison a débuté.

Quand je pense à la façon dont nous nous sommes rencontrés — et au fait qu'aujourd'hui encore Nicole ne peut pas s'expliquer pourquoi elle avait autant insisté —, il est évident que Tyson et moi étions destinés à nous rencontrer.

Le samedi suivant, Chloe et Paul ont déposé Tyson chez nous, ainsi que leur chat Ginola, un énorme matou roux à l'image de Garfield, dont Nicole avait totalement oublié de me parler et qui devait également être mis dans l'avion six mois plus tard. Nous avons immédiatement compris que Tyson et Ginola n'étaient pas comme les autres couples de chiens et chats. Ils avaient grandi ensemble et se comportaient comme deux frères.

Ils se faisaient des câlins, des baisers, et ils dormaient dans le même panier, Ginola en boule contre le ventre de Tyson. Les deux compagnons sont restés avec nous pendant plusieurs années, et lorsque Dana et moi nous sommes séparés, je me suis retrouvé seul avec eux. Tyson s'occupait toujours des blessures de Ginola lorsque celui-ci revenait d'une bagarre de voisinage, ce qui arrivait souvent. Lorsqu'il rentrait à la maison, Tyson le maintenait allongé en posant délicatement une patte sur lui, tandis qu'il léchait ses blessures. Et si Ginola se trouvait dehors sur le toit et que Tyson entendait soudainement le bruit d'une bagarre entre chats, il bondissait sur ses pattes — même s'il sortait d'un profond sommeil — et se précipitait dehors pour se mettre à aboyer en observant le haut de la clôture jusqu'à ce que Ginola finisse par revenir.

Il lui arrivait parfois d'attendre ainsi pendant une heure et d'être sur le qui-vive jusqu'à ce qu'il voie Ginola apparaître avec difficulté en haut de la clôture et tomber bruyamment sur le sol. La bienveillance et la loyauté inébranlables que Tyson manifestait envers Ginola m'ont appris ce qu'était véritablement l'amitié, ce qu'aucun livre, aucun séminaire ni aucun être humain n'avaient pu faire jusque-là. Je sais que, si je parvenais à manifester à mes amis — et à mes ennemis supposés — ne serait-ce qu'un quart de la loyauté et de l'amour que Tyson réservait à son « petit frère », je mènerais une existence très heureuse et très riche.

Dès l'instant où Tyson est entré dans notre vie, avec sa queue remuant en permanence, ses gros câlins d'ours et son enthousiasme sans bornes, Dana et moi savions que lui dire au revoir dans six mois nous briserait le cœur. Après seulement une semaine, il m'était impossible d'imaginer ma vie sans lui. Quand je sortais, Tyson marchait tranquillement à côté de moi, sans jamais avoir besoin de laisse ni de collier. Il s'arrêtait pour traverser la route, obéissait à tous les ordres, et attendait patiemment devant les magasins jusqu'à ce que j'en sorte. Les gens que nous croisions s'extasiaient invariablement devant sa beauté, son comportement irréprochable et sa gentillesse. Peu importe qui il avait en face de lui, Tyson s'approchait toujours des gens et posait sa tête contre eux pour leur manifester son amour inconditionnel.

« Où puis-je trouver un chien comme celui-ci ? » me demandaient-ils alors. Mais je devais leur expliquer qu'il avait été étonnamment abandonné par ses premiers maîtres quand il était petit et qu'il avait été sauvé d'une fourrière (par Chloe), ce qui signifiait qu'il avait été castré. Malheureusement, leur disais-je, il n'y aurait jamais de « fils de Tyson ».

Dès le premier jour, Tyson et moi sommes devenus inséparables. Lors de pique-nique et de barbecues, des amis, et même des inconnus, me disaient que nous étions parfaitement assortis et qu'il était de toute évidence « mon » chien. Lorsque je leur apprenais qu'il n'était pas à moi et que je ne m'en occupais que quelque temps, ils me répondaient « Pourtant, il devrait être à vous. Vous êtes parfaits ensemble. » Exactement ce que je pensais !

Dana a bénéficié du même traitement que moi. Tyson l'adorait, et peu importe où ils allaient, les gens faisaient toujours des commentaires sur la force du lien qui les unissait. Mais lorsque les mois ont passé et que le terrible jour de la séparation a commencé à approcher, Dana et moi nous sommes sentis de plus en plus déprimés. Nous avons même envisagé de déménager pour disparaître avec Tyson et Ginola dans un endroit où personne ne nous trouverait. Mais nous savions à quel point Chloe les aimait, et un tel acte aurait été particulièrement injuste. Il n'y avait aucun moyen pour nous d'empêcher l'inévitable d'arriver. Puis, un jour, j'ai eu une révélation. Je savais que le but de notre existence était d'apprendre et de grandir, et j'ai donc envisagé notre situation difficile sous cet angle. J'ai réalisé soudainement que Tyson et Ginola avaient été là pour nous apprendre à vivre l'instant présent. À l'image de la vie elle-même, rien ne dure éternellement. Nous n'avons qu'un certain nombre de jours devant nous, et au lieu de nous inquiéter de la mort, nous sommes censés profiter de chaque instant, tant que nous sommes sur Terre. Les mois que nous avions passés avec Tyson l'illustraient parfaitement. Ainsi, plutôt que de nous morfondre en pensant à la fin de cette belle histoire, nous avons décidé de savourer chaque instant passé avec lui.

Or, dès que nous avons compris cette leçon, nous avons été récompensés par un miracle.

Deux semaines avant le jour J, Dana et moi étions assis devant la télévision, Ginola assoupi sur ses genoux et Tyson endormi à mes pieds, lorsque le téléphone a sonné. J'ai répondu, et Dana a su immédiatement, en voyant l'expression de mon visage, qui était à l'autre bout du fil.

Nous n'avions pas parlé à Chloe depuis quelques mois, et j'en ai donc conclu qu'elle nous appelait pour s'assurer que ses deux petits gars étaient prêts pour le grand voyage. Mais voici ce qu'elle a réellement dit : «Simon. Je suis vraiment désolée de devoir t'imposer cela, mais Paul et moi nous sommes séparés et nous allons tous les deux déménager. Je sais que c'est beaucoup te demander, mais pourrais-tu garder Tyson et Ginola jusqu'à ce que nous puissions nous occuper d'eux ? »

J'ai puisé en moi-même toute la retenue possible pour compatir avec Chloe tout en cachant mon enthousiasme, et j'ai raccroché le téléphone avant que le volcan de joie ne fasse irruption en moi et que je ne me mette à danser tout en criant, en riant et en pleurant. Après avoir sauté de joie, Dana et moi nous sommes précipités dans les bras l'un de l'autre en pleurant. Nous avons serré Tyson et Ginola tellement fort dans nos bras que nous avons failli les étouffer ! Au cours de mes 51 années d'existence, je n'ai jamais reçu de coup de fil plus réjouissant. Et je sais que je n'en recevrai pas d'autres comme celui-là. Le plus important est que je n'ai jamais oublié la leçon que nous avons apprise sur l'importance de vivre le présent — ni le fait que, lorsque nous avons appris cette leçon importante, nos anges nous récompensent immédiatement en nous faisant don d'une joie pure.

Environ un an plus tard, juste après Noël, je me suis levé tôt un matin et j'étais installé dans le patio pour prendre des notes sur le livre que j'écrivais à l'époque et qui portait sur la dynamique des relations humaines et sur les raisons qui expliquaient les nombreuses séparations. Le chapitre sur lequel je travaillais parlait de la peine et de la confusion que beaucoup de gens ressentent lorsqu'ils commencent à douter de l'amour que leur porte leur partenaire parce qu'ils ne se sentent pas aimés. Comme toujours, Tyson était près de moi et me regardait avec ses grands yeux bruns emplis de sagesse, attendant patiemment que je l'emmène se promener. Alors que je lui souriais, une question a surgi dans ma tête. J'ai eu l'impression qu'il me l'avait envoyée par télépathie. «Pourquoi est-ce que je t'aime autant? lui ai-je dit à voix haute. Tu es le chien le plus gentil et le plus aimant qui soit, mais tu ne me dis jamais que tu m'aimes et tu ne m'achètes jamais rien ni ne m'emmènes dans des endroits qui me prouvent ton amour!»

C'est alors que j'ai compris.

Si j'aimais Tyson à ce point, c'est parce qu'il me LAISSAIT l'aimer!

C'était aussi simple que cela. J'ai de nouveau embrassé sa truffe avec ravissement et me suis mis à écrire aussi vite que possible, car les mots surgissaient de moi pour se retrouver immédiatement sur la page. Tant de personnes ne se sentent pas aimées par leur partenaire parce que ces derniers se referment sur eux-mêmes dès qu'un problème survient. C'est ainsi que certains gèrent les choses, mais l'autre se sent alors abandonné et mal aimé. Nous aspirons tous à une ouverture. Nous voulons que notre partenaire soit totalement présent, qu'il partage avec nous ses sentiments et qu'il nous ouvre la partie la plus obscure et la plus profonde de son cœur. Or beaucoup de gens sont mal à l'aise et se sentent vulnérables dans une telle situation. En outre, ils pensent à tort que nous souhaitons réellement qu'ils soient forts, ce qui implique selon eux de se fermer à leurs émotions pour pouvoir «assurer». Évidemment, nous aimons que l'autre possède une certaine force qui nous permette de nous sentir en sécurité, mais pas au prix de le voir se fermer à ses émotions et de nous empêcher ainsi de l'aimer au niveau le plus profond. Voyez-vous, le fait est qu'il est plus agréable d'aimer que d'être aimé. Nous rêvons de pouvoir aimer totalement, et si notre partenaire ne nous en laisse pas la possibilité — en ne s'ouvrant pas à nous —, nous prenons sa réaction comme la preuve qu'il ne nous aime pas vraiment.

La terrible ironie est qu'à travers tout cela, l'autre pense être un bon partenaire. Il nous aime, prend soin de nous, travaille pour nous offrir ce dont nous avons besoin et nous répète sans cesse combien il nous aime. Il lui est alors impossible de comprendre pourquoi nous lui confions que nous ne nous sentons pas aimés! Ce malentendu fondamental peut rapidement se transformer en rancœur, laquelle devient de la colère, qui provoque des conflits, et pire encore. Souvent, nous finissons par nous séparer, pensant que l'autre ne nous aimait pas vraiment, tandis que, de son côté, il pense que nous avons dû perdre la raison pour croire qu'il ne nous aimait pas. Si seulement il avait simplement ouvert son cœur pour nous laisser l'aimer! Évidemment, en ouvrant son cœur, il ne «fait» rien à proprement parler. Il s'agit d'un processus passif qui peut pourtant nous amener à nous sentir aimés activement.

Quelques jours plus tard, lors d'une soirée organisée pour la veille du jour de l'An, j'ai fait part de ces pensées à un homme qui m'avait confié qu'il éprouvait certaines difficultés dans son couple. Dès que j'ai terminé mon explication, son regard s'est allumé. Il m'a tendu son verre, m'a remercié avec ardeur et s'est précipité vers sa femme. Je l'ai vu se diriger vers une femme magnifique qui était assise seule, et la prendre dans ses bras un long moment, avec tendresse. J'ai su immédiatement que Tyson venait de sauver leur mariage.

Malheureusement, ma relation avec Dana ne pouvait pas être sauvée. Nous sommes partis chacun de notre côté, mais notre amour pour Tyson nous a permis de rester liés, et aujourd'hui, sept ans plus tard, nous sommes plus proches que jamais. Je suis fier de compter

David, le petit ami de Dana, parmi mes amis les plus proches. Toutes les personnes que j'ai rencontrées au cours des sept dernières années — sans aucune exception — qui apprennent que Dana et moi avons vécu ensemble pendant quatre ans, sont sidérées de voir que nous avons non seulement réussi à devenir des amis proches, mais également à faire grandir notre amitié à un niveau supérieur. Ils me demandent tous comment nous y sommes parvenus, et je leur donne toujours la même réponse : Tyson. Le fait est que lorsque nous nous sommes séparés, les sentiments que nous éprouvions l'un envers l'autre passaient toujours après les besoins de Tyson. Ginola, parce que c'était un chat, avait une plus grande faculté d'adaptation. Mais Tyson était très sensible et il aimait Dana autant qu'il m'aimait, d'où l'importance de passer tous les deux du temps avec lui. La question de sa garde ne s'est jamais posée. Dana et moi n'en avons jamais parlé parce que nous savions qu'il n'était ni « son chien », ni « mon chien ». Il était un ange qui avait fait son apparition dans nos vies, et il serait là où il avait besoin d'être.

Je sais combien Tyson a aidé Dana juste après notre rupture, et lorsqu'elle est allée vers le nord pour s'installer avec David, Tyson est venu vivre avec moi. C'est ainsi qu'il a pu guérir nos deux cœurs.

Quand je devais voyager, Tyson allait chez Dana et David. Aussi souvent que je le pouvais, je le conduisais chez eux le week-end, à trois heures de route au nord de Sydney, pour qu'il passe la semaine avec eux, et ils me le ramenaient le week-end suivant.

Tyson aimait profondément Dana. Or, quatre ans après notre séparation, alors que Tyson et moi nous promenions sur la rue principale de notre quartier, nous avons entendu un « bip bip » comme celui que font les voitures lorsque leur alarme est désarmée par télécommande. Il s'agissait de la même alarme que celle de l'ancienne voiture de Dana, qu'elle avait vendue quelques années avant. Même s'il n'avait pas entendu ce bruit depuis des années, Tyson a immédiatement dressé les oreilles et ses yeux se sont ouverts en grand, comme pour dire avec enthousiasme : « Maman ! » En un éclair, il s'est mis à courir le long de la route, aussi vite que ses pattes le lui permettaient, à la recherche de Dana.

Je lui ai crié que ce n'était pas elle, mais il m'a ignoré. Ainsi, pendant une bonne vingtaine de minutes, il a longé les rangées de voitures garées au pas de course, avant de finir par accepter l'idée, à contrecœur, qu'il ne s'agissait pas de sa maman et de bien vouloir me suivre, avec un air triste d'animal abandonné sur le visage, sorte d'expression de « pauvre moi » dont seuls les chiens véritablement tristes sont capables et qu'aucun être humain ne peut espérer reproduire !

Tyson a vécu avec moi sept ans, avant de mourir, et pendant toutes ces années, il a toujours accueilli chacune des visites que je recevais à la maison avec le même enthousiasme. Toutefois, il réservait un accueil particulier à Dana. Dès qu'il l'entendait l'appeler alors qu'elle se garait dans l'allée du jardin, il devenait tout excité et sautait de joie. Il paraît qu'il faisait la même chose quand j'allais le chercher chez elle. Ainsi, Dana et moi ne pouvions que nous aimer, car l'objet de notre adoration nous donnait tant d'amour. L'amitié profonde qui nous lie est un autre legs de Tyson et une autre leçon qu'il nous a apprise : il n'est pas obligatoire que l'amour meure un jour. Les années que j'ai passées auprès de Tyson ont été de loin les plus heureuses de ma vie. Tout ce temps, il m'a appris de nombreuses leçons essentielles sur la patience, la loyauté et l'amour inconditionnel, simplement en étant lui-même.

Mais il avait gardé la plus importante pour la fin.

Je savais que Tyson prenait de l'âge et que mon cauchemar le plus terrible risquait bientôt de devenir réalité. Il avait 13 ans, ce qui était bien plus que la durée de vie moyenne pour un chien de sa taille et de sa race. À cause de son arthrite, il lui était difficile de sortir de son panier, et il devait marcher très doucement. En outre, il souffrait d'une tumeur au cerveau qui provoquait des crises d'épilepsie terrifiantes sur une base régulière. Mais il ne s'est jamais plaint et n'a jamais manifesté la moindre mauvaise humeur — une autre leçon que nous ferions bien d'apprendre ! Le plus difficile, quand vous avez un animal, est de vous faire à l'idée qu'un jour vous devrez lui dire au revoir. Nous aimons nos animaux comme des enfants, et pourtant, quand nous avons un enfant, nous partons du principe que l'ordre naturel des choses est que nous partions avant lui. Nous les aimons comme nous aimons nos maris et nos femmes, et pourtant, quand nous tombons amoureux, la question de savoir qui va partir le premier ne se pose pas. Il n'en va pas de même avec un animal. Dès le début, nous savons qu'à moins d'une tragédie, nous devrons les enterrer un jour. Et la peine que cela provoque est presque insupportable. Je n'étais pas capable d'envisager la vie sans Tyson. Il était mon compagnon, mon fils et mon monde tout entier. Et je savais que je ne m'en remettrais pas lorsque le terrible jour arriverait. Or Tyson avait d'autres projets pour moi.

Un lundi matin, deux mois environ après son 13e anniversaire, je l'ai emmené se faire une beauté chez un toiletteur qui travaillait à la clinique vétérinaire où nous allions lorsqu'il était malade. Les vétérinaires et assistantes vétérinaires qui travaillaient là étaient une deuxième famille pour Tyson. Ils l'adoraient comme s'il était à eux et lui réservaient toujours un traitement particulier. Quand Tyson a pris de l'âge, j'ai préféré que son toilettage se fasse à cet endroit plutôt que dans un salon, ce qui me rassurait dans l'éventualité où il y aurait eu un problème. Il était ainsi au bon endroit s'il avait besoin de soins en urgence. Il se trouve que ce fut l'une des meilleures décisions de ma vie.

Quelques heures après l'avoir déposé, j'ai reçu un coup de fil du vétérinaire m'informant que Tyson éprouvait des difficultés respiratoires. Je me suis précipité à la clinique, où deux vétérinaires d'urgence étaient en train de l'examiner. Tyson ne parvenait pas à respirer, si bien qu'il virait au bleu, et il leur a donc fallu l'endormir avec un anesthésiant et lui insérer un tube à oxygène dans la trachée. Puis nous l'avons conduit en vitesse au service des urgences situé de l'autre côté de la ville, ce qui lui permettrait d'être traité jour et nuit. Les vétérinaires ont commencé par le raser de la tête aux pieds, y compris sa queue, ses oreilles, son visage et ses pattes, pour vérifier s'il n'avait pas été mordu par une tique provoquant une paralysie, ce qui était courant en Australie. Mais il n'y avait pas de tique. Au lieu de cela, une radio a révélé que sa tumeur au cerveau s'était rompue, provoquant la semi-paralysie dont il souffrait.

Pendant trois jours, les vétérinaires se sont battus pour le sauver. Une assistante m'a confié plus tard qu'en 10 ans d'expérience à cet hôpital, elle ne les avait jamais vus déployer de tels efforts et prendre autant soin d'un patient. Je n'étais pas surpris — Tyson faisait le même effet à tous ceux qu'il rencontrait! Mais le jeudi suivant, même s'il avait recouvré la capacité de respirer et de manger, la plus grande partie de son corps était paralysée, et je fus informé qu'il ne pourrait plus jamais s'asseoir ni marcher. Les vétérinaires m'ont également dit que si la tumeur devait se rompre à nouveau, il ne s'en sortirait probablement pas. Je leur ai donc demandé de me laisser seul avec Tyson et je me suis allongé près de lui sur le sol pendant ce qui m'a semblé durer des heures, pleurant et le tenant dans mes bras, jusqu'à ce que j'arrive à rassembler le courage nécessaire pour lui demander s'il souhaitait rester ou partir.

Il était drogué, rasé, paralysé, terrifié et épuisé, et pourtant il avait toujours sur le visage cette expression d'amour et de dévouement éternels lorsqu'il a regardé droit dans mes yeux emplis de larmes. Ce n'était pas un regard de souffrance ou d'apitoiement mais d'amour pur. Je ne l'oublierai jamais. Et il m'a dit tout ce que j'avais besoin de savoir. Dana et David étaient en vacances en Indonésie et ils ont pris le premier avion pour Sydney, lequel devait atterrir le samedi.

Ce jour-là, j'ai ramené Tyson à la maison en conduisant très doucement. Je l'ai transporté dans la maison et l'ai déposé dans son panier, que j'avais installé dans le salon et entouré de ses peluches et jouets préférés. Il semblait si fragile sans son pelage, et même s'il parvenait à bouger légèrement la tête, son corps était anéanti et restait immobile. J'ai fait de mon mieux pour rester gai, lui chantant des chansons et le prenant dans mes bras jusqu'à ce que le taxi de Dana et David revienne de l'aéroport. Pendant les trois heures qui ont suivi leur arrivée, nous l'avons tous les trois caressé, embrassé et remercié pour toute la joie, tout l'amour et toute l'inspiration qu'il nous avait apportés. Il était totalement calme, même s'il ne pouvait pas bouger, et il était clairement heureux d'être à la maison, entouré de sa famille. Ginola est arrivé, l'a « embrassé », et au prix d'un effort considérable, Tyson a relevé la tête pour lécher son « petit frère » une dernière fois.

Je suis convaincu que Tyson savait ce qui se passait. La nuit précédente, à l'hôpital vétérinaire, j'avais passé des heures allongé près de lui, lui expliquant qu'il retournerait à la maison le lendemain et qu'ensuite, il rentrerait chez lui. Je savais qu'il comprenait.

Puis Nicole est arrivée et s'est jointe à nous pour le câliner. C'était grâce à elle que nous avions eu le bonheur d'avoir Tyson dans notre vie. Elle nous avait tous rassemblés, elle faisait partie de la famille, et nous voulions qu'elle soit avec nous. Elle avait apporté un délicieux poulet qu'elle avait cuisiné pour Tyson, et ensemble, nous lui avons donné son dernier repas, qu'il a englouti avec un dernier regain d'énergie. Puis, ce fut l'heure.

Le vétérinaire est arrivé avec une assistante. Alors qu'il injectait la dose fatale, nous étions tous les quatre auprès de Tyson, lui souriant, l'embrassant et lui répétant combien nous l'aimions. En le regardant dans les yeux, je lui ai dit « Merci, merci, merci ! Merci d'avoir choisi de partager ta vie avec moi. Merci pour tout ton amour. Merci, mon chéri. Merci ! »

Tyson n'a pas remarqué que le liquide mortel lui était injecté dans la patte par un cathéter. Et ses yeux n'ont jamais quitté les miens tandis que ce liquide remontait dans ses veines pour atteindre son cœur. Puis, au moment précis où il nous a quittés, deux choses se sont produites et ont transformé à jamais la vie de tous ceux qui étaient présents. La porte d'entrée s'est subitement ouverte en un claquement bruyant, et une fraction de seconde plus tard, malgré la paralysie qui l'avait assailli cinq jours plus tôt, Tyson a énergiquement remué la queue quatre ou cinq fois, avant de nous quitter. Il lui était physiquement impossible de le faire, et pourtant…

En l'espace d'un instant, nos larmes de tristesse se sont transformées en larmes de joie, car nous savions qu'il était en sécurité. Il avait peut-être vu un ange venir à sa rencontre et était parvenu à remuer la queue avant de devenir un esprit. Un peu plus tôt dans la journée, j'avais demandé à mon père, décédé depuis longtemps, de venir chercher Tyson et de s'assurer que tout se passe bien pour lui. Peu importe que ce soit lui, ou un ange, qui soit arrivé par la porte d'entrée. Ce qui compte réellement est que nous ayons vu Tyson monter vers le Ciel et qu'il ne restait derrière lui qu'une enveloppe vide — un vieux corps abimé qui avait bien rempli sa mission et n'était désormais plus nécessaire. En nous montrant ce miracle et en remuant la queue, Tyson nous avait, à sa façon inimitable, donné une dernière leçon essentielle, en nous apprenant qu'il existait bien un paradis et que nous n'avions pas à craindre la mort.

Je sais que Tyson continuera à me transmettre des leçons et à me guider depuis le monde des esprits. Et je sais que lorsque ce sera mon tour, il sera là pour m'accueillir, et que nous serons ensemble pour l'éternité. Jusqu'à ce jour, je consacrerai ma vie à transmettre les leçons de Tyson au maximum de gens, par l'intermédiaire de mes livres et de mes séminaires, pour que son amour remarquable et sa sagesse puissent guérir les autres, tout comme il m'a guéri.

Simon m'a demandé d'essayer de prendre contact avec Tyson, et ce gros chien adorable est immédiatement apparu dans mon cœur. Il m'a montré son nom, qui était rédigé avec une écriture particulière. Lorsque j'ai transmis ce message à Simon, il était ravi, car, le lendemain du décès de Tyson, il s'était fait tatouer son nom sur son poignet, de la même écriture que celle qui m'avait été transmise.

CHAPITRE 7

Animaux mystiques

Animaux qui voient les esprits
et peuvent communiquer avec eux.
Animaux dotés du pouvoir de télépathie

*Les animaux sont bien plus à l'écoute
de leur intuition que les humains. Nous
devrions suivre leur exemple.*

JENNY SMEDLEY

JE SUIS LÀ !

Elise m'a envoyé l'histoire suivante.

Peu après mon premier mariage, qui a eu lieu le jour de mes 22 ans, le 19 janvier 1979, la jeune femme naïve que j'étais — et qui voulait un bébé — est sortie faire les courses avec 60 dollars à dépenser pour la semaine. En passant devant une animalerie, sur le chemin de l'épicerie, mon attention a été attirée par un chiot noir et blanc qui se trouvait tout seul dans la vitrine. Ce jour-là, au lieu de faire les courses, je suis rentrée à la maison avec un colley border de six semaines, au grand désarroi de mon mari. Sa réaction venait du fait que nous travaillions tous les deux à temps plein, que je ne savais pas comment m'occuper d'un chiot — encore moins d'un chien adulte —, et que sa race ne convenait pas du tout à notre style de vie. Nous l'avons appelé Patch en raison de la tache noire qui ornait sa nuque, et après nous être opposés sur la question de le garder ou non, nous avons trouvé plus facile de lui donner le nom d'un chien que mon mari avait eu par le passé. Avec le temps, nous nous sommes habitués.

On pourrait dire que Patch et moi avons grandi ensemble. Pour la première fois de ma vie, j'ai appris à avoir des responsabilités et à m'occuper correctement d'une créature dépendante. Il avait ses défauts, qui m'étaient en réalité imputables, puisque je n'étais pas capable de lui donner ce dont avait besoin ce chien actif en pleine croissance et extrêmement intelligent. Ainsi, il lui arrivait parfois de faire son « vilain ». Quoi qu'il en soit, pendant 16 années, il a été mon meilleur ami, mon enfant de substitution et mon compagnon. Il m'a permis de ne pas m'effondrer totalement à la suite d'un mariage éprouvant, de la perte d'un bébé, d'un divorce et d'un licenciement. Dire qu'il m'a apporté à cette époque la seule stabilité réelle dans ma vie serait un euphémisme.

Patch ne s'éloignait jamais de moi. Il dormait sur mon lit, s'allongeait sur le canapé, mangeait ses repas avec moi. Je pense pouvoir dire qu'il était gâté. À moins que vous ne lisiez les livres de Cesar Milan [spécialiste réputé du comportement canin], auquel cas vous penseriez que je m'y prenais plutôt mal ! Je reconnais que maintenant, j'agis de façon très différente. J'élève mes chiens et je m'en occupe comme des chiens, et non comme des êtres humains. Ils sont dressés, se comportent bien et acceptent l'ordre hiérarchique pertinent au sein de la meute. Ils ne dorment pas sur mon lit et ne sont pas acceptés sur le canapé! Cependant, il s'agissait d'une époque spéciale. Patch et moi étions des âmes sœurs. On dit que ce sont les chiens qui prennent soin de leurs maîtres, et j'en suis fermement convaincue. À cette époque, j'étais un peu névrosée, alors il n'est pas surprenant que mon chien le fût également! Nous nous sommes adorés pendant neuf longues années, jusqu'en 1987, un jour que je n'oublierai jamais.

Je m'étais rendue chez ma mère, qui vivait à Esher, dans le comté de Surrey, et j'avais emmené Patch. Il se déplaçait à peu près partout avec moi, sauf lorsque je travaillais ou que je n'étais pas en mesure de le prendre avec moi, et il était donc souvent chez ma mère pour qu'il ait de la compagnie jusqu'à ce que je puisse le récupérer. Ce jour-là, j'ai rendu visite à une amie qui habitait dans un village voisin, et j'ai laissé Patch dans le jardin de ma mère, lequel donnait sur un champ dans lequel nous allions souvent nous promener. Partie vers le milieu de l'après-midi, je suis rentrée le soir vers 18 h, pensant que ma mère aurait fait rentrer Patch avant que je vienne le récupérer pour le ramener chez moi, à Byfleet. Je suis entrée dans la maison (ma mère insistait toujours pour que ses filles aient les clés de la maison familiale), m'attendant à ce que Patch vienne m'accueillir comme il en avait l'habitude. Or il n'était pas dans la maison.

— Maman! ai-je crié. Je suis de retour! Patch est-il encore dans le jardin?

— Je ne sais pas, m'a-t-elle répondu. Je pensais qu'il était avec toi!

Or il n'était pas dans le jardin non plus. Nous ne le trouvions nulle part. Patch avait tout simplement disparu. Nous étions le 20 décembre 1987, cinq jours avant Noël.

Ce fut le pire Noël que j'aie vécu. J'avais récemment perdu mon emploi, mon amoureux, et maintenant le seul véritable ami que j'avais eu et qui était également mon allié, mon bébé, mon âme sœur — ma motivation pour avancer. Avec l'aide de ma famille, j'ai passé Noël à fouiller les forêts, les bordures de rivières, les champs et les villages voisins où nous nous étions déjà promenés. Comme j'étais de nature vagabonde et avais souvent déménagé, il nous a fallu couvrir des rayons d'une quarantaine de kilomètres dans la plus grande partie du comté de Surrey. La campagne de publicité la plus importante qui soit concernant un chien perdu fut mise en place, avec des affiches en couleurs et des descriptions de Patch placardées à tous les endroits possibles de Guildford, East Horsley, Mosley, Byfleet et autres villages du comté de Surrey. J'avais ciblé tous les endroits où nous avions passé des moments heureux à nous promener dans la forêt et dans les champs. À cette époque, la plupart des gens ne connaissaient pas Internet, et la meilleure méthode consistait à poser des affiches et à faire passer l'information aux journaux, à la radio, aux vétérinaires et à tous les endroits où il était possible d'annoncer un animal perdu.

Je me rappelle avoir été malade juste après Noël et être restée au lit à cause de ma fièvre élevée, me sentant encore plus mal, car je ne pouvais pas poursuivre mes recherches à l'extérieur. J'ai alors écrit de longs poèmes tristes où je pleurais la perte de Patch et demandais avec ferveur à l'Univers de m'envoyer une aide divine ou angélique. Puis, j'ai envoyé par la pensée des messages à mon chien pour lui dire, s'il m'entendait, combien il me manquait et pour le supplier de rester sain et sauf jusqu'à ce que je le trouve. À cette période, j'ai été étonnée par l'intérêt que les gens portaient à mon histoire. J'ai en effet partagé des conversations téléphoniques très profondes avec des gens que je ne connaissais pas et que je risquais fort de ne jamais rencontrer. Des inconnus m'ont appelée pour me dire qu'ils pensaient à Patch et à moi et qu'ils surveilleraient les alentours lors de leurs promenades avec leurs chiens. De nombreuses personnes pensaient l'avoir vu, et lorsque j'ai pu sortir de nouveau, j'ai fait le tour de tous les endroits qui m'avaient été indiqués. Un jeune couple, qui avait déjà suffisamment de problèmes — lui souffrant de troubles psychologiques, et elle à la veille d'accoucher —, a insisté pour venir avec moi fouiller les champs voisins. J'ai véritablement eu l'impression de bénéficier d'une intervention divine sous la forme de toutes ces personnes merveilleuses apparues dans ma vie pendant les quelques semaines les plus éprouvantes qui fussent. Et je n'ai jamais cru mériter ces attentions — après tout, qu'avais-je fait pour aider les autres ?

Le 28 janvier 1988, j'ai reçu un appel téléphonique. Patch avait disparu depuis 39 jours. Les coups de fil avaient été si nombreux que je ne m'emballais plus lorsque le téléphone sonnait, mais la voix de mon interlocutrice semblait différente des autres. « Je vous appelle à propos du chien, a-t-elle commencé. Mais je ne peux pas vous donner mon nom, car je sais qui a votre chien, mais il serait trop dangereux pour moi de m'identifier. » Légèrement sceptique, je lui ai demandé comment elle savait qu'il s'agissait de mon chien. « Eh bien, m'a-t-elle répondu, c'est un colley border noir et blanc, dont la couleur devient grise à certains endroits. On l'a volé dans un champ, à Esher, juste avant Noël, et je sais qui est le voleur. » Maintenant, je l'écoutais vraiment. « L'homme qui l'a pris est un revendeur de drogue qui vit à Kingston. Votre chien est encore là-bas. Je l'ai entendu se vanter du chien qu'il avait volé à Esher et il l'a même amené au pub. » Elle avait peur de me dire qui elle était, même si une récompense était offerte, et j'avais l'impression qu'elle en aurait eu besoin, mais il semblait plus important pour elle que je retrouve mon chien. Elle me donnait l'impression de savoir ce que je vivais. Peut-être avait-elle traversé une situation similaire qui lui permettait d'être aussi empathique avec moi. Les personnes qui ont déjà vécu une souffrance profonde sont souvent celles qui sont capables de ressentir celle des autres, et j'avais le sentiment qu'elle avait elle-même vécu une expérience éprouvante liée à une perte. Peu importe qui elle était, à mes yeux cette femme était un ange ou avait été envoyée par un ange.

Tous les commissariats locaux avaient été informés de la disparition de Patch, mais comme il se trouvait à ce moment dans le district de Kingston-upon-Thames, la police d'Esher m'a informée que je devais entrer en contact avec un commissariat de Kingston. Ainsi, je me suis mise en route pour le commissariat de Kingston, accompagnée de mon locataire, un jeune homme charmant (je l'appellerai Tim), qui m'avait apporté un grand soutien pendant ces dernières semaines éprouvantes. J'étais une boule de nerfs, car j'avais désespérément besoin de savoir si Patch se trouvait bien à l'endroit que cette femme m'avait indiqué, et j'étais même prête à m'y rendre seule avec Tim. Mais la police était d'un avis différent.

— Voyons, vous ne pouvez pas y aller seuls. En outre, comment savez-vous qu'il s'agit vraiment de votre chien ? » nous ont-ils lancé dans la salle d'interrogatoire où nous avions été installés pour leur donner plus de détails.

— Je peux vous donner une description plus précise et vous pourrez vérifier par vous-mêmes, leur ai-je répondu, de plus en plus nerveuse. Premièrement, il a un museau blanc et une bande de poils blancs qui descend jusqu'au milieu de sa tête noire ; sa poitrine et son ventre sont blancs. Deuxièmement, trois de ses pattes sont noires et blanches au bout, comme s'il avait des chaussettes blanches, et la quatrième est blanche avec des taches noires. Troisièmement, le bout de sa queue noire et touffue est blanc, et il a sur le cou une tache noire en forme de diamant. Et quatrièmement, il est castré !

— Oh, restez calme madame, nous devons juste nous assurer que nous avons des informations suffisamment concrètes avant de débarquer chez quelqu'un... D'accord, d'accord... on va prendre une voiture de patrouille.

Ce soir-là, à 20 h, trois policiers, une femme agitée, près de l'hystérie, et son locataire ont roulé vers Kingston dans une voiture de patrouille. Cette femme hystérique est restée dans la voiture avec son locataire et un policier tandis que les deux autres se dirigeaient vers un immeuble. Il m'a semblé que cela durait une éternité, et je ne sais pas combien de temps ils se sont absentés, mais lorsqu'ils ont réapparus, ils souriaient.

— Madame, maintenant vous allez devoir rester calme... Je pense que nous avons trouvé votre chien.

Aussi calmement que possible, je suis sortie de la voiture, laissant Tim avec le conducteur, pour me diriger vers l'immeuble avec les policiers et monter avec eux au deuxième étage, jusqu'à la porte d'un appartement.

— Nous devons vous prévenir, m'a avertie un des policiers. Cet homme est un drogué et il n'a pas toute sa tête. Sa petite amie est également dans l'appartement, elle aussi sous l'emprise de la drogue. Nous allons donc simplement rentrer pour que vous puissiez identifier le chien. »

Patch m'a à peine reconnue et semblait lui aussi avoir été drogué, à moins que son état soit le résultat d'un traumatisme vécu pendant cette période, si bien qu'il n'a

réussi à venir vers moi qu'en vacillant, le regard légèrement vitreux et la queue remuant à peine. J'ai alors éclaté
en sanglots en prenant mon cher compagnon dans mes
bras. Les policiers m'ont demandé si je souhaitais porter
plainte, mais, en voyant l'état des deux drogués, je leur ai
répondu que ceux-ci avaient probablement suffisamment
souffert. L'homme était en larmes, me suppliant de lui
pardonner et m'affirmant qu'il ne comprenant pas ce qu'il
avait fait, et la femme était tellement intoxiquée qu'elle ne
savait certainement pas ce qui se passait. Je voulais simplement rentrer à la maison avec Patch, le faire ausculter
par un vétérinaire le plus vite possible et l'avoir de nouveau auprès de moi. Après être retournés au commissariat pour faire une dernière déclaration, nous avons
ramené Patch à la maison, lequel a gardé ses yeux
vitreux et son air détaché quelques jours après. Le vétérinaire n'a décelé aucun problème chez lui, bien que Tim
fût convaincu qu'il avait été maltraité, étant donné la réaction étrange que Patch avait eue un jour où il avait enlevé
sa ceinture pour se changer.

Quoi qu'il en soit, Patch est redevenu lui-même assez
rapidement, et nous avons pu reprendre une vie normale.
A priori, le voleur avait été à la pêche dans une rivière
près de la maison de ma mère et il avait garé sa voiture
dans le champ. De son côté, Patch avait sauté par-dessus
le mur du jardin et, voyant une voiture ouverte (il adorait
les voitures et sautait dans toutes celles dont une portière
était restée ouverte!), il avait simplement bondi dedans,
et l'homme était parti avec lui, s'assurant au préalable de
lui retirer son collier et sa médaille. En réalité, il savait
très bien ce qu'il faisait ce jour-là!

Patch a gardé une place prépondérante dans ma vie,
en tant que meilleur ami et âme sœur, pendant sept
années supplémentaires, jusqu'à ce qu'il nous quitte à
l'âge de 16 ans, en juillet 1995. Si je n'avais pas reçu

l'aide de toutes ces personnes merveilleuses, des journaux locaux, et plus particulièrement de la femme qui avait lu un article, me semble-t-il dans le *Esher News and Mail*, rédigé par l'organisme Animal Lifeline (dans le Surrey) — association caritative reconnue d'utilité publique qui avait été envoyée par des anges, par l'Univers, ou je ne sais qui —, je n'aurais pas retrouvé Patch. Le récit de cette histoire me permet d'exprimer ma sincère et profonde gratitude à l'égard de tous ces gens pour leur aide et leur amour, même si l'attente fut longue ! Tout au long de cette période, j'ai gardé la foi en une possible intervention divine, et j'ai été récompensée par une manifestation d'humanité dans ce qu'elle a de plus beau et par le retour de mon chien bien-aimé, Patch.

J'ai inclus ce récit, car je crois que Patch a reçu le message d'Elise et qu'il a peut-être fait en sorte d'entrer en contact avec la femme qui a l'a informée du vol. Quand elle a vu ce chien dans un pub, elle a certainement été assaillie par la sensation qu'elle devait le ramener chez lui, raison pour laquelle la récompense ne l'intéressait pas.

UN AU REVOIR SILENCIEUX

Le récit d'Amanda porte sur une communication télépathique qu'elle a eue avec un animal.

Presque tous mes chats — Tigger, le minou roux et blanc, Whiska, ma petite chasseresse noire, et Spooky, ma fillette grise — me sont apparus après leur mort. Nous avions eu ces chats lorsque j'étais enfant, et il m'arrivait parfois de les apercevoir dans la maison. Si je me souviens bien, après la mort de Whiska — elle avait été frappée par une voiture —, je l'ai sentie sauter sur mon lit un soir et se blottir contre ma poitrine. Nous n'avions pas de chat à l'époque, et il n'existait donc aucune explication logique.

À l'âge de 12 ans, j'ai également eu un chaton noir, Raphael, qui m'a transmis par télépathie qu'il était gravement malade et allait bientôt mourir. J'en avais parlé à mes parents, mais ceux-ci ne me croyaient pas et nous sommes quand même partis en vacances (ils ont dû me traîner de force dans la voiture pendant que je pleurais), laissant à mes grands-parents la charge de s'occuper du chat. Quand je suis revenue, il était mort — je pense qu'il s'agissait d'une leucémie, mais le vétérinaire redoutait trop qu'il puisse s'agir d'un virus dangereux pour procéder à une autopsie. J'ai également vu Raphael peu après sa mort.

EXACTEMENT OÙ JE DOIS ÊTRE

Tracey reçoit les chiens des autres chez elle et en prend soin, mais certains l'ont plus marquée que d'autres.

Ce fut sans aucun doute le coup de foudre. Pas un amour de vacances qui est merveilleux tant qu'il dure, mais qui est vite oublié. Non, c'était plutôt le type de rencontre où votre cœur s'arrête et où vous savez que votre vie en sera transformée à jamais. Lorsque Misty est entrée dans notre cuisine pour la première fois, le jeudi 26 mars 2009, j'ai immédiatement su que cette petite chienne était très spéciale. C'était un épagneul cocker de six ans au poil brillant et lisse, aux immenses yeux bruns et vifs, et à la personnalité la plus surprenante qui soit.

Les autres chiens n'étaient pas allés vers elle pour la renifler, mais l'avaient observée calmement pénétrer dans la pièce, tout en maintenant avec elle une distance exprimant leur respect, tandis que celle-ci avait regardé posément autour d'elle avant de s'installer royalement dans son panier. Les autres chiens avaient eux aussi compris que nous avions une invitée très spéciale. C'était comme si la reine était venue nous rendre une visite. La reine Misty était dans la place.

La première fois, elle n'est restée que trois jours chez nous, lesquels sont passés trop vite. Je dois l'admettre : je tombe amoureuse de tous les chiens que j'ai en garde. Je les aime, mais je dois les rendre à leurs propriétaires. Je m'étais améliorée dans ce domaine et je me remettais assez vite des départs, mais la petite Misty restait toujours dans mes pensées. Lorsque sa propriétaire l'a de nouveau inscrite chez moi pour deux semaines en avril, j'étais aux anges.

Pendant ces deux semaines, il a fait beau et chaud, ce qui nous a permis de faire de fabuleuses promenades avec Misty, Layla, notre chienne, et tous les autres chiens en visite. Le soir, je m'asseyais sur le sol, dans le salon, pour notre habituelle séance de câlins, et mon mari me lançait un regard désapprobateur lorsqu'il voyait que Misty passait toujours la première sur mes genoux, une patte de chaque côté de mon cou, tandis que j'inondais de baisers sa truffe noire luisante. Lorsque le terrible jour de la séparation est arrivé, je me suis assise sur un banc dans le jardin, par un bel après-midi ensoleillé, en attendant l'arrivée de sa maîtresse. Misty était sur mes genoux, la tête plongée dans mon cou, ronflant doucement. Sa fourrure noire était réchauffée par le soleil. Très vite, elle a sauté de mes genoux pour aller à la rencontre de sa maîtresse. J'ai observé ces retrouvailles avec des émotions mitigées : j'étais heureuse qu'elle soit heureuse, mais triste de la voir partir.

Il nous arrive de ne voir certains chiens qu'une fois par an, mais nous n'avons eu à attendre que jusqu'au mois de juillet pour revoir Misty. J'ai compté les jours nous séparant de son retour, et mon cœur a bondi lorsque je l'ai vue trotter dans notre allée. Même Layla, la bête noire du Dartmoor, n'a pas pu contenir son enthousiasme en voyant son amie arriver et elle s'est immédiatement mise à lécher le visage de Misty, pendant que celle-ci restait tranquillement assise, profitant de l'adoration qu'elle suscitait.

Comme à l'accoutumée, elle s'est merveilleusement adaptée à nous, s'est très bien entendue avec les chiens qui allaient et venaient chez nous, et il était clair qu'un lien de plus en plus fort l'unissait à Layla. Dans la forêt, Layla courait après les écureuils, Misty sur ses talons. Les petites jambes de Misty devaient accélérer le rythme pour pouvoir suivre son amie aux longues pattes, et lorsqu'elles réapparaissaient, quelques minutes plus tard, elles étaient essoufflées et excitées par leur chasse.

Je m'assurais d'être toujours à l'extérieur quand la propriétaire de Misty venait la récupérer. Le matin où elle est partie, j'ai pleuré toutes les larmes de mon corps en lui disant au revoir, certaine que je ne la reverrais pas avant un bon moment. Je l'ai serrée contre moi en lui disant combien je l'aimais tandis qu'elle léchait les larmes qui coulaient sur mes joues. Plus tard, mon mari m'a appelée sur mon téléphone mobile pour me prévenir que Misty était rentrée chez elle. J'ai eu de la peine et me demandais si j'allais la revoir un jour. J'ai eu du mal à croire ce qu'il m'a dit ensuite : « Misty va peut-être devoir trouver un nouveau foyer. Sa propriétaire a demandé si nous connaissions quelqu'un qui pourrait l'accueillir. »

Misty est arrivée chez nous trois semaines plus tard, le samedi 3 août, à 14 h. Sa charmante maîtresse avait le cœur brisé, et ce fut un grand moment d'émotion.

Maintenant, il nous semble qu'elle a toujours été avec nous, et je ne peux pas imaginer ma vie sans elle. Les rêves peuvent vraiment devenir réalité...

Je crois réellement que, lorsque Misty a réalisé tout l'amour que Tracey avait à lui offrir et qu'elle a compris ce qui se passait, elle a influencé sa maîtresse pour qu'elle permette au rêve de Tracey de se réaliser.

TOBIE LE SAUVEUR

Gemma a de nombreuses raisons de remercier son chien, Tobie.

Je crois que mon chien Tobie voit des esprits, car il lui arrive, le soir, d'avoir les oreilles et le nez qui s'agitent subitement, et d'aller s'asseoir sur le palier où il se met à aboyer et à grogner en direction du vide. Je vérifie dehors et au sous-sol, mais je n'y trouve rien. Il semble traquer quelque chose, et pourtant je ne vois rien. Un jour, il nous a sauvé la vie. Nous avions laissé la cuisinière à gaz allumée dans le magasin au-dessus duquel nous vivions, et ce soir-là, Tobie n'arrêtait pas d'aboyer. Réveillés par le bruit, nous l'avons retrouvé en train de gratter la porte qui menait au magasin. Nous avons donc ouvert la porte, et il s'est précipité en bas, vers la gazinière, que nous avions en effet oublié d'éteindre. Il s'est mis à sauter et à gratter la cuisinière à gaz pendant j'essayais de l'éteindre, mais il me barrait le chemin. Il m'encerclait comme il l'aurait fait avec un mouton pour me faire sortir de la pièce. Mais j'ai fini par le persuader de me laisser arrêter le gaz, et il s'est enfin calmé. Si Tobie ne m'avait pas prévenue, j'aurais pu mourir, dans mon sommeil, d'empoisonnement au monoxyde de carbone, ou j'aurais peut-être allumé une cigarette qui aurait tout fait exploser. Tobie vient également me prévenir si l'eau de mon bain est sur le point de déborder. Il est véritablement ma petite étoile.

CHAPITRE 8

Animaux sauvages

Est-ce que le renard tue de sang-froid ?
Le lion a-t-il pitié de sa proie ? Les animaux
sont-ils des êtres innocents ?

*Il y a longtemps, l'homme savait
que la nature n'était pas « sauvage » et hostile,
mais plutôt une amie bienveillante.
Puis, sous l'effet d'un dogme religieux organisé,
les hommes se sont mis à se considérer comme
l'aspect le plus grand et le plus important de la
création, et à envisager la nature comme la partie
immorale et déchue. L'homme a ensuite
tenté de divorcer de la nature, au détriment
de toute la création…
Les animaux savent à quel moment et à quel
endroit migrer, mais l'homme ne peut trouver
son chemin sans boussole ou sans étoiles. Les
animaux vivent très bien sans avoir besoin*

d'outils ni d'armes. Les hommes en sont incapables. Les animaux sont heureux et satisfaits dans leur milieu naturel. Les hommes ne le sont pas. Les animaux vivent auprès de leur famille toute leur vie, les hommes non. Les animaux ont trouvé le moyen de vivre avec leurs limites et leurs compétences, sans conflits ni rancœur, l'homme non.

LEE «STANDING BEAR» MOORE
(par l'intermédiaire de son ami Takatoka)

J'ai posé une question au début du chapitre : le renard tue-t-il de sang-froid ? Dans un sens, on peut dire que oui, car, à l'inverse des humains, qui savent exactement ce qu'ils font lorsqu'ils maltraitent un animal ou une autre personne et qui commettent souvent des crimes en raison de leur colère, un renard est incapable de se mettre à la place de sa proie et n'agit pas sous le coup d'une émotion, ce qui ferait penser qu'ils agissent de «sang-froid». Ils se contentent de suivre leur instinct de survie. Ce qu'ils font n'est pas prémédité, et ils sont loin de se douter que leurs actes peuvent causer de la douleur et de la souffrance chez l'autre créature. La question devrait peut-être se poser en ces termes : «Le renard est-il un *assassin* qui tue de sang-froid ? » Dans ce cas, la réponse serait non. Quand on présente à un renard une cage remplie de poussins, il n'agit pas parce qu'il est assoiffé de sang. Une bonne analogie serait de lâcher un enfant dans un magasin de bonbons en lui disant qu'il peut se servir. Nous ne pouvons pas le blâmer s'il réagit à ce stimulus.

C'est nous, les êtres humains, qui chassons pour tuer des renards, des lièvres et des cerfs pour notre seul plaisir. C'est nous qui tuons d'autres humains sous le coup de la colère ou de la haine. L'homme est le seul animal capable de meurtre.

J'ai souvent dit que les animaux étaient, à bien des égards, supérieurs aux hommes. Je l'affirme en prenant en compte différents facteurs :

- **L'intention : les animaux n'agissent pas par méchanceté comme le font les humains. Dans ce sens, ils ne sont pas coupables de ce que nous percevons comme des actes «barbares» de cruauté ou des «crimes» d'agression ou de «meurtre». Lorsqu'ils tuent, ils le font pour survivre, et aucune émotion n'entre en ligne de compte. Même les animaux qui se battent, comme les jeunes coqs de combat, ne le font pas parce qu'ils sont en colère, qu'ils détestent l'autre ou qu'ils sont violents. Ils le font par instinct, pour la survie de leur espèce, pour s'assurer que seuls les individus les plus adaptés pourront s'accoupler et procréer.**

- **Les animaux n'ont pas de préjugés, contrairement aux êtres humains. Un animal n'agira pas différemment avec un autre parce que son poil est d'une couleur différente. Il ne l'attaquera pas parce que celui-ci a une oreille tordue ou est effrayé, et il ne se moquera pas de lui sous prétexte qu'il est laid, gros ou stupide.**

- **Les gens éprouvent des difficultés à être suffisamment ouverts ou détendus pour recevoir des messages angéliques ou spirituels. Les animaux n'ont aucun** mal à se livrer à la méditation ou à tomber en état de sommeil tant que leurs besoins de base sont comblés, tandis que les hommes, parce qu'ils ne vivent pas dans l'instant présent, sont trop tournés vers le passé ou l'avenir pour parvenir à décrocher.

- **Les animaux conservent leur lien avec la nature et ont ainsi amélioré leur intuition et leur instinct, tandis que la race humaine les a généralement étouffées.**

Lors du tsunami de 2004, 220 000 personnes ont été tuées. La raison principale est qu'elles n'avaient pas reçu d'avertissement de ce qui approchait. Il y avait même des gens sur la plage qui contemplaient la mer alors que celle-ci se préparait à les balayer de la terre. Pratiquement aucun animal n'a été tué. Seuls deux décès d'animaux sauvages ont été rapportés. Deux éléphants dressés se sont même enfuis pour rejoindre les hauteurs, surprenant ainsi leurs propriétaires qui ne comprenaient pas pourquoi les animaux se comportaient si étrangement. Si vous considérez en outre que cela s'est produit une heure *avant* que le tsunami fasse rage, l'argument selon lequel ils auraient entendu la vague approcher n'est pas valable. Certaines personnes ont été sauvées parce qu'elles ont couru après leurs chiens qui tentaient eux-mêmes de fuir la zone à risque. Les eaux ont inondé trois kilomètres à l'intérieur des terres, détruisant sur leur passage un parc faunique. Pourtant, aucun corps d'animal n'a été trouvé, et il semblerait qu'ils aient tous échappé à la catastrophe. Cela nous prouve que les animaux sont beaucoup plus en lien avec la nature que nous le sommes, parce qu'ils n'ont pas renié leurs aptitudes naturelles comme nous l'avons fait pour nous tourner vers la technologie.

Les animaux n'entretiennent pas de rancœur et pardonnent immédiatement à ceux qu'ils aiment. Ils ne connaissent pas la culpabilité, contrairement aux humains qui s'y accrochent au point de détruire leur vie spirituelle. Leur amour est inconditionnel et ne tient pas compte du sexe, de l'âge, de l'orientation sexuelle, de la taille, de la forme ni de la couleur.

J'ai récemment vu à la télévision l'histoire d'un bébé hippopotame (l'hippopotame étant reconnu comme l'un des animaux les plus dangereux au monde) qui a été adopté alors qu'il était orphelin et que sa famille d'accueil a habitué à vivre dans la maison et autour. C'est une femelle qui s'entend bien avec les chiens de la maison, dont elle caresse et lave les chiots, alors qu'elle pourrait facilement les écraser et les avaler en un instant. Elle nage avec ses « parents » humains et dort sur une couverture la nuit pour être près d'eux. Il est évident que cet animal aime ceux qui prennent soin d'elle.

Ainsi, je vous pose la question : de quelle espèce peut-on dire qu'elle a la meilleure énergie et qu'elle est le plus proche de Dieu, l'humaine ou l'animale?

CHAPITRE 9

La maltraitance des animaux

Est-ce qu'il est mal de considérer
que les animaux existent seulement pour
nous nourrir et pour nos loisirs sportifs ?
L'élevage intensif nuit-il à l'âme de la
personne qui le pratique ?

*Il y a longtemps, les humains ont été créés pour
prendre soin du jardin, la Terre mère. Toute création leur était sacrée. Les hommes respectaient la
nature et savaient qu'ils n'étaient qu'une infime
partie du cercle de la vie. Les humains savaient
que chaque aspect de la création jouait un rôle
important dans le contentement et la survie des
autres. Ils acceptaient l'idée divine que toutes
choses étaient égales et qu'aucun animal,
y compris l'être humain, n'était supérieur à
d'autres parties de la création.*

*Les Amérindiens, également connus sous
le nom de « peuple de la terre », détiennent tradi-
tionnellement et historiquement une connaissance spéciale de la terre et de ses habitants. Ils
ont pu accéder à cette connaissance, car ils ont
toujours considéré que toutes les choses
créées sont égales et nécessaires, dignes d'être
respectées et honorées.*

Lee « Standing Bear » Moore
(par l'intermédiaire de son ami Takatoka)

Qu'est-ce qui a déclenché chez l'être humain une arrogance
telle qu'il pense pouvoir traiter les animaux comme il le
souhaite, sans tenir compte de leurs sentiments, en s'imaginant que leurs actes n'auraient aucun effet négatif sur eux-
mêmes ni sur leurs âmes ?

Lee « Standing Bear » Moore poursuit ainsi :

*Les Amérindiens considèrent que toute
chose de la création possède une énergie spirituelle.
Tout est connecté et digne de notre respect. Nous nous
efforçons de trouver l'équilibre et l'harmonie au sein du
canevas complexe de la vie appelé le grand cercle
de la vie. En évoluant dans ce cercle, nous
défendons ces vérités :
Tout, sur la Terre, est vivant.
Tout, sur la Terre, a une raison d'être.
Tout, sur la Terre, est relié.*

Tout, sur la Terre, doit être accueilli.
Un des principes de notre croyance est que toutes les
choses sont reliées entre elles et que nous sommes reliés
à tout ce qui existe dans le cercle.

D'une manière générale, la race humaine a oublié ces vérités. Les Amérindiens tuent encore des animaux pour se nourrir, mais ils le font avec respect et gratitude. Récemment, j'ai dû éteindre la télévision, car on y diffusait une émission où des célébrités devaient jouer avec ce qui était présenté comme des têtes et des yeux d'animaux, pour divertir le public. Par ce genre de grossièreté irrespectueuse, j'ai bien peur que l'humanité n'accélère un peu plus son autodestruction. J'éprouve une profonde compassion à l'égard de ceux qui travaillent dans l'élevage intensif ou dans des abattoirs ou laboratoires cruels, car ils portent sérieusement atteinte à l'énergie et à l'évolution de leur âme en accomplissant ce type de travail. Je suis particulièrement peinée pour ceux qui, en désespoir de cause, doivent renier leurs principes en travaillant à ces endroits pour pouvoir nourrir leur famille.

Le gouvernement du Royaume-Uni a récemment imposé la mise en place de caméras en circuit fermé dans les abattoirs, pour s'assurer que les animaux sont bien traités, ce qui est à mon sens une très bonne idée, non seulement pour les animaux, mais également pour ceux qui y travaillent. Une des raisons pour lesquelles les animaux ont été mis sur Terre en présence des humains est que ces derniers doivent aider les animaux à se préparer pour leur défi ultime : se réincarner dans un corps et un esprit humains tout en conservant leur intégrité spirituelle. Pour que cela soit possible, l'âme de l'animal doit être encouragée à se libérer de sa peur. L'Univers nous a confié cette tâche avec confiance. Décevoir cette confiance en faisant l'opposé et en créant de la douleur, de la terreur et de la crainte chez les animaux — plus particulièrement la douleur que nous leur infligeons — aurait pour effet d'attirer une réaction karmique que nous risquerions de regretter.

Je sais d'expérience que l'énergie qui se dégage d'un abattoir peut se propager aux alentours. Lorsque nous nous sommes installés pour la première fois dans le Somerset, le village nous semblait agréable et les habitants accueillants, si bien que nous avons eu du mal à comprendre pourquoi, à un certain moment, nous avons senti que l'énergie de ce lieu devenait plus sombre. La fièvre aphteuse a empiré rapidement la situation, et des centaines de moutons du village et des environs ont été massacrés. Au bout d'un moment, nous avons dû déménager pour notre paix d'esprit, et ce n'est qu'à cette occasion que nous avons appris qu'un abattoir se trouvait non loin du village, bien caché près d'une petite route secondaire. Par conséquent, si vous prospectez une région pour trouver un nouveau lieu de vie, ne faites pas la même erreur que nous, et vérifiez sérieusement les alentours et les entreprises qui s'y trouvent.

Pendant longtemps, les hommes ont considéré que les animaux étaient dépourvus de sentiments et d'émotions, et si quiconque osait prétendre qu'un animal pouvait souffrir de la perte d'un compagnon, on se moquait de lui. Au début de ce livre, je vous ai raconté l'histoire du chat qui tentait de réanimer son ami, mais, pour les sceptiques, il existe d'autres preuves que cette souffrance existe bien.

Un article scientifique publié récemment a relaté l'histoire de trois chimpanzés captifs : Blossom, Rosie et Chippy. Ils avaient une quatrième compagne, Pansy, mais au cours de l'étude, celle-ci est tombée gravement malade, puis elle est morte. Les autres chimpanzés ont pu rester avec elle jusqu'à la fin, et ils ont manifesté plusieurs comportements particuliers juste après son décès. Ils ont tenté de faire bouger ses bras et ses jambes, ont inspecté sa bouche, et le mâle, Chippy, a même donné l'impression de l'attaquer, en essayant, selon l'avis des observateurs, de la réanimer. Rosie, la fille de Pansy, est restée près de sa mère toute la nuit, tandis que Blossom tentait de réconforter Chippy en le caressant et en le cajolant pendant des heures. Puis, les chimpanzés ont observé les hommes retirer le corps de Pansy de la surface de couchage avant de désinfecter les lieux. Les cinq nuits suivantes, aucun d'entre eux n'a pénétré dans cet endroit, et tous ont dormi à l'extérieur, dans l'aire de jour. Avant la mort de Pansy, ils ne s'étaient jamais comportés de cette façon. Pour lire l'intégralité de l'étude, rendez-vous sur le site Web indiqué au chapitre « Ressources ».

Il existe de nombreux autres exemples de singes ayant manifesté du chagrin. Si vous souhaitez les connaître, il vous suffit de faire une recherche sur Internet pour obtenir des récits, mais aussi des photographies et des vidéos vous en apprenant plus sur leur comportement.

Comme la plupart des gens qui ont des animaux dans leur vie, j'ai dû en faire euthanasier certains en douceur. Mais la réaction de mes chiens à cet égard s'est avérée intéressante. Au départ, lorsque je ne connaissais pas d'autre méthode que de faire euthanasier l'animal à l'écart des autres et d'enlever son corps avant qu'ils ne puissent le voir, j'ai remarqué que les autres chiens mettaient des semaines à se remettre de cette perte et qu'ils cherchaient leur ami ou dormaient dans son panier ou sur ses jouets, comme pour se rapprocher de lui. Aujourd'hui, lorsque ce genre de situation se présente, je permets aux autres chiens de rester près de leur ami mourant. Leur réaction est totalement différente. Ils observent calmement, manifestant une tristesse évidente, et après avoir reniflé le corps sans vie, ils s'éloignent et n'expriment plus aucun signe de véritable manque par la suite.

Selon moi, ces réactions nous indiquent deux choses. Premièrement, les chiens sont capables de comprendre et peut-être de voir l'esprit de leur ami quitter son corps, et alors l'enveloppe qui reste derrière perd tout intérêt à leurs yeux. Deuxièmement, ils comprennent qu'ils n'ont pas perdu leur compagnon, mais que celui-ci est parti vers un endroit où eux aussi iront plus tard.

En écrivant ces lignes, je suis très heureuse de lire un article selon lequel l'Espagne a entamé le processus d'interdiction de la tauromachie. La région de la Catalogne a entamé le bal, et j'espère que le reste du pays suivra son exemple. De la même façon qu'ici, au Royaume-Uni, l'interdiction de chasser avec des chiens a ses défenseurs et ses détracteurs, l'Espagne se retrouve divisée en deux avec cette récente décision. À mon avis, ce genre de règlements, et d'autres similaires, devraient être consignés dans les livres d'histoire, au même titre que les questions des combats de chiens et des combats d'ours, pour le bien des animaux et des âmes humaines qui y prennent part. Les animaux ne sont pas sur Terre pour être tournés en ridicule, pour être chassés jusqu'à l'épuisement ou pour être abattus dans de terribles conditions afin de nous nourrir.

La race humaine est sur le point d'entrer dans une guerre dévastatrice avec la nature, guerre que nous ne pourrons que perdre. Nous devons donc faire quelques pas en arrière, dont le premier consiste à manifester, à l'égard des animaux qui partagent cette planète avec nous, le même respect que celui auquel nous aspirons pour nous-mêmes.

CHAPITRE 10

Voyage dans le temps avec votre animal

Comment réécrire l'histoire de vie de
vos animaux pour guérir les maladies et les
problèmes comportementaux provoqués par
l'énergie d'une vie passée et par des traumatismes subis dans la vie présente

*Entrer en contact avec l'inconscient d'un animal
est encore mieux que de la télépathie à la façon
des Vulcains — et qui sait quels miracles pourraient se produire spontanément ?*

JENNY SMEDLEY

Vivre avec un animal peut être une grande source d'inspiration et d'amour, mais il arrive parfois que, même avec les
meilleures intentions du monde, la situation semble virer
au drame. En effet, les animaux peuvent être atteints de
maladies impliquant des visites chez le vétérinaire qui

nécessitent temps et argent, et ils manifestent parfois des problèmes comportementaux. Comment expliquer cela ?

Beaucoup de communicateurs animaliers, dont je fais partie, pensent que ces problèmes peuvent trouver leur origine dans une vie antérieure. Je vous ai déjà expliqué que certains animaux ont déjà vécu avec nous sous une autre forme, et cette thèse est appuyée par une grande quantité de témoignages. Nous sommes nombreux à croire également que votre animal, s'il est lié à vous sur le plan spirituel, peut manifester certains symptômes physiques pour essayer d'attirer votre attention sur un problème qui prend sa source dans les profondeurs de votre esprit. Je dirais même qu'un animal peut décider de se réincarner pour être auprès de vous, dans le but d'attirer votre attention sur une chose en particulier. Une fois que vous acceptez cette idée, vous êtes en mesure de «réinventer le scénario» avec votre animal.

Comment y parvenir, et de quelle façon utiliser cette méthode pour résoudre un problème ? La première chose à faire consiste à comparer les symptômes de votre animal avec ceux que vous pourriez vous-même présenter de façon plus ou moins évidente. Par exemple, si votre animal souffre d'un problème de santé, réfléchissez à la corrélation qui pourrait exister entre celui-ci et vous-même.

Voici quelques exemples :

- **Les problèmes intestinaux et digestifs** chez votre animal peuvent signifier que vous réprimez vos émotions. Vous avez ignoré les problèmes qui ont surgi dans une vie antérieure et qui vous empêchent maintenant d'avancer. Vous devriez examiner ces problèmes et les affronter sans détour.

- **Les problèmes dentaires**, lorsqu'ils sont récurrents chez votre animal, peuvent être le signe que vous devez fermement laisser votre passé derrière vous, en résolvant ce qui ne l'a pas été et en prenant un nouveau départ. En tant qu'animaux, nous abandonnons nos dents de lait en partie pour devenir des adultes. S'y accrocher causerait des problèmes dentaires, et y renoncer est par conséquent symbolique.

- **Des problèmes liés aux pattes arrière** et une claudication persistante n'ayant pas fait l'objet d'un diagnostic peuvent être le signe que vous avez ressenti un manque de soutien dans une vie antérieure, et cela se poursuit dans votre vie actuelle, faisant de vous une personne méfiante. Si ce problème n'est pas résolu, vous risquez de vous sentir seul et effrayé.

- **Une claudication des pattes avant** signifie qu'il vous est difficile de demander de l'aide. Ce sentiment exagéré d'indépendance vous incite possiblement à repousser les autres. Vous vous sentez peut-être abandonné par vos amis quand vous avez besoin d'eux, mais c'est sans doute inconsciemment que vous avez érigé des barrières entre vous.

- **Les douleurs dorsales** chez votre animal peuvent signifier que vous trouvez votre quotidien accablant et vos responsabilités difficiles à accepter. Un tel rejet peut entraîner des problèmes de dépendance et vous pousser à vous reposer sur d'autres béquilles malsaines.

- **Les maladies sanguines** peuvent indiquer que vous avez atteint un épuisement émotionnel dans une vie passée et qu'il vous est donc difficile, dans votre vie présente, de vous investir dans des relations ou dans des causes. Ainsi, votre vie pourrait ne pas être épanouissante, car vous risquez de ne pas accomplir la mission pour laquelle vous êtes venu sur Terre.

- **Les maladies osseuses** et l'arthrite peuvent révéler des problèmes familiaux dans une vie antérieure. Si votre famille était dysfonctionnelle par le passé, vous pourriez être dépourvu du sentiment d'appartenance que vous devriez ressentir dans votre vie présente.

- **Les maladies du cerveau** indiquent que vous n'avez peut-être pas été écouté ou pris en compte dans une vie antérieure. Il est possible que vous ayez essayé de conseiller une personne qui a refusé de vous écouter. À cause de cet incident, vous risquez de manquer de confiance en vos propres idées ; vous avez donc besoin de laisser s'exprimer votre pouvoir mental.

- **Les tumeurs à la poitrine** chez vos animaux peuvent signifier que dans des vies passées, vous n'avez pas été suffisamment entouré, probablement par votre mère. Dans la vie présente, vous devez prendre soin de vous, et être convaincu que votre partenaire vous aime et que vous êtes digne d'amour.

- **Les problèmes cardiaques** chez votre animal peuvent indiquer que vous avez dû affronter des situations terrifiantes par le passé et que vous pensez inconsciemment ne pas les avoir résolues adéquatement ou que vous en conservez une peur du danger exagérée pouvant se manifester sous la forme d'un trouble obsessionnel-compulsif ou d'une phobie.

- **Les problèmes aux oreilles** peuvent indiquer que vous avez tendance à ne pas écouter vos compagnons humains ou spirituels, ou que vous écoutez trop les chuchotements et les commérages, ce qui vous rend anormalement méfiant à l'égard de vos amis et de vos partenaires de vie.

- **Si votre animal souffre constamment de problèmes aux yeux**, il se peut qu'il essaie d'attirer votre attention sur le fait que vous devez regarder au plus profond de vous pour comprendre pourquoi vous avez accompli certains actes dans des vies antérieures. Ceux-ci ont habituellement tendance à provoquer un sentiment de culpabilité chez la personne concernée.

- **Si les pattes de votre animal présentent un problème**, vous devez peut-être apprendre à vous ancrer dans la réalité au lieu de vous laisser «flotter», ou vous auriez peut-être dû l'apprendre dans une vie antérieure. Si vous négligez ce problème, vous pourriez perdre contact avec la réalité de votre vie présente, ou au contraire être tellement terre-à-terre que vous en perdez votre côté spirituel.

- **Les problèmes buccaux** pourraient indiquer un besoin de vous exprimer, soit maintenant, à la suite d'un événement d'une vie antérieure ou dans un passé plus récent. Ils peuvent également révéler la nécessité de comprendre le pouvoir des mots, surtout les mots durs, et la façon dont la vie d'une personne peut être influencée par vos paroles.

- **Si les griffes de votre animal sont en mauvais état**, cela peut signifier que vous êtes trop sur la défensive. Peut-être vous protégez-vous des gens que votre inconscient reconnaît d'une vie antérieure, alors que, dans la vie actuelle, vous devez leur pardonner et leur accorder le bénéfice du doute.

- **Les problèmes de peau** peuvent indiquer que vous ne vivez pas pleinement, car les événements survenus dans des vies passées vous hantent à tel point que vous êtes effrayé d'exprimer ce que vous êtes profondément, par peur de souffrir encore.

LA PORTE VERS LES SOLUTIONS

Une fois que vous avez examiné ces différentes éventualités, il est temps pour vous d'aider votre animal et de vous aider vous-même ! Vous devez retourner à l'événement survenu dans une vie antérieure qui a causé vos problèmes et qui a créé, chez votre animal, le besoin de vous y ramener.

La clé, pour que ce type de régression fonctionne, est d'avoir votre animal avec vous, peu importe que vous agissiez seul en état de méditation ou qu'un thérapeute vous mette sous hypnose. Il existe des communicateurs animaliers qui vous aideront, même s'il s'agit d'un gros animal tel un cheval. J'en ai indiqué quelques-uns dans le chapitre « Ressources », mais la meilleure spécialiste du domaine au Royaume-Uni est Madeleine Walker.

La méditation est évidemment un des principaux moyens pour retourner dans une vie antérieure. Si vous ne savez pas comment méditer, il serait bon de suivre quelques cours pour commencer. Beaucoup de centres bouddhistes et de centres de croissance personnelle proposent des cours dans le domaine. Lorsque vous maîtriserez l'art de la méditation, ne vous en faites pas pour votre animal. Votre énergie apaisante irradiera jusqu'à lui, et il parviendra aisément à vous suivre dans le passé — dans certains cas, ce sera même lui qui vous montrera le chemin. J'ai remarqué que la méthode la plus efficace pour moi et pour mes clients consistait à s'imaginer en train de descendre un long escalier. Une fois arrivé en bas, vous devez visualiser une série de portes et choisir celle qui vous semble être la bonne pour vous. Si vous ne parvenez pas à faire ce choix, demandez à votre animal de le faire pour vous.

Après cette étape, les choses se passent relativement vite. Peu importe que votre animal soit votre lien avec le passé ou que celui-ci vous revienne naturellement à l'esprit ; l'important est que le chemin qui vous a amené à vivre vos problèmes actuels va vous être révélé. Une fois que vous avez la réponse, vous pouvez résoudre vos problèmes en réécrivant ou en visualisant un scénario dont l'issue serait différente. Par exemple, si votre animal a le vertige et qu'il a tenté d'attirer votre attention sur cette phobie avec des problèmes cardiaques, vous pourriez découvrir que dans une vie antérieure, vous et votre animal avez dû sauter du haut d'une falaise pour échapper à un poursuivant. Dans un tel cas, vous pourriez réécrire ce scénario et créer une issue différente en choisissant un autre moyen de fuite. Vous pourriez par exemple être sauvé par des alliés, à moins que votre ennemi ne soit distrait et vous laisse la possibilité de lui échapper autrement. Votre imagination (ou votre moi supérieur) ne sera que trop heureuse d'inventer d'autres scénarios si vous lui en donnez la possibilité.

Gardez à l'esprit qu'il pourrait être trop tard pour sauver votre animal si la maladie dont il souffre en est à la phase terminale, mais cela n'aura pas d'importance pour lui, parce qu'il aura accompli sa mission sur Terre. Ne soyez pas trop peiné et ne vous sentez pas coupable, car, si vous prenez du recul, vous comprendrez que vous êtes ensemble ici et que vous le serez encore dans l'Autre Monde.

Lorsque vous commencez à réaliser ce que nos animaux sont capables de faire pour nous aider, nous, leurs « pauvres » maîtres, vous saisissez à quel point il est ridicule d'affirmer qu'ils n'ont pas d'âme. À de nombreux égards, les animaux sont véritablement nos guides spirituels.

GUÉRIR UNE BLESSURE

Voici maintenant un exemple touchant d'un voyage dans le temps avec un animal et des résultats qui peuvent être obtenus par cette méthode lorsque la médecine traditionnelle ne peut pas poser de diagnostic ni trouver de traitement adéquat. C'est l'histoire de June.

> Je savais que je devais me replonger dans une vie antérieure avec ma chatte, Jessie, car celle-ci tombait toujours malade pour Noël. Je sais ce que vous pensez — que

les gâteries que nous lui donnions pour l'occasion en étaient la cause —, mais ce n'était pas le problème. Elle était très mal en point et vomissait tant que je pensais qu'elle allait mourir. Une année, je l'ai emmenée dans un chalet pour que nous soyons seules, et même si cela peut paraître étrange, nous n'y avons pas fêté Noël. Pourtant, le 26 décembre, elle était encore malade. Quand la crise était passée, elle dormait habituellement pendant des heures. Je ne sais plus combien j'ai dépensé avec les vétérinaires d'urgence, et tout cet argent n'a servi à rien : ceux-ci ne parvenaient jamais à trouver ce qui allait mal. Il n'y avait pas de boules de poils, pas d'arêtes de poisson, pas d'infection, pas de parasite, rien.

Quand j'ai suivi le conseil qui m'avait été donné de remonter dans une vie antérieure avec Jessie pour comprendre le problème, le processus s'est déroulé avec beaucoup de facilité. Nous sommes remontées au XVIIe siècle. Jessie m'a montré qu'à cette époque, elle était un chien bâtard couleur sable appelé Charlie, et que celui-ci était le meilleur ami d'un jeune garçon du nom de Nicholas (moi!) Cela me semblait crédible, dans la mesure où Jessie s'était toujours particulièrement bien entendue avec les chiens de toutes races et qu'aucun d'entre eux ne l'avait jamais pourchassée. C'était l'époque de la Grande peste, et celle-ci faisait rage à Londres, où nous vivions. Les gens étaient enfermés chez eux, où on les laissait mourir si on les estimait infectés. Le symptôme principal consistait en des vomissements incontrôlables. Ma famille en a été atteinte le 25 décembre, et un homme est venu poser des planches sur notre porte pour éviter que nous ne propagions la maladie. J'étais terrifiée à l'idée que Charlie puisse mourir avec nous. Je ne savais pas si les chiens pouvaient attraper la peste, mais je savais qu'il mourrait s'il était enfermé avec nous. Ainsi, au dernier moment, je l'ai poussé dehors pour le préserver. Je pensais qu'il allait partir à la recherche d'un nouveau foyer, mais je faisais erreur. En effet, il est resté assis dehors, pleurant et hurlant. Finalement, toute ma famille est morte, sauf moi, et lorsque je suis sortie à la lumière du jour en chancelant, trois semaines plus tard, l'horrible vision du corps inanimé de Charlie m'attendait sur le seuil de la porte. Des témoins m'ont dit qu'ils n'avaient jamais bougé de là. De bonnes âmes ont bien essayé de le nourrir, mais mon pauvre petit compagnon grognait lorsqu'ils s'approchaient de lui. Je suppose qu'il pensait me protéger. Lorsqu'il fut trop faible pour pouvoir effrayer les gens, il était trop tard pour le sauver. Ma petite Jessie était maintenant malade dans le but de me ramener à cette vie antérieure et de m'indiquer que je devais guérir cette blessure.

On m'a expliqué comment réécrire cette triste histoire, pour que je puisse modifier le passé sans nuire à qui que ce soit, car je savais que Nicholas n'avait jamais attrapé la peste. J'ai donc visualisé un «film» dans mon esprit du jour où la porte avait été barricadée, m'imaginant cette fois-ci me faufiler à l'extérieur avec Charlie, pour qu'aucun de nous ne meure.

Les gens diront peut-être que ce n'est qu'imagination, mais les placebos ne fonctionnent pas sur les animaux, et depuis ce jour, Jessie n'a plus jamais été malade, alors faites-en ce que vous voulez!

Si vous voulez pratiquer cette méthode de guérison, il serait sage de le faire sous la supervision d'un spécialiste. J'en ai indiqué plusieurs dans ma liste de sites Web. Vous pourriez en effet déclencher des réactions physiques importantes qui pourraient vous alarmer, si vous n'en avez pas l'habitude.

Madeleine m'a relaté un incident survenu alors qu'elle «réécrivait l'histoire» d'un cheval imposant et de son maître. En effet, lors de la séance, ceux-ci s'étaient effondrés sur le sol, ce qui aurait pu être problématique si Madeleine n'avait pas été là.

CHAPITRE 11

Commencer du bon pied

Si vous ne savez pas où chercher pour
déterminer quel animal est votre âme sœur, la
numérologie et d'autres pratiques peuvent
vous mettre sur la voie

*Une vie sans animaux serait comme un monde
recouvert d'un désert : sans intérêt et non viable.*

JENNY SMEDLEY

Si vous avez vous-même eu un lien spécial avec un animal,
je suis sûre que vous êtes touché, et peut-être réconforté,
par les histoires que je vous propose dans ce livre. Si vous
n'avez jamais connu de relation de ce genre malgré vos tentatives et que vous souhaitez savoir comment vous y
prendre pour y parvenir, je peux peut-être vous aider.

Lorsque vous choisissez un animal, vous devez commencer par vous assurer que vous êtes compatibles.
Certaines personnes affirment que ce sont les animaux
qui nous choisissent. Peu importe qui choisit, le but est

d'utiliser les moyens nécessaires pour rassembler les deux parties. Une méthode que je trouve très efficace pour faire de bons «couples» entre humains et animaux consiste à utiliser la numérologie. Il n'est pas important de savoir qui dirige l'«attribution des rôles» — un être suprême, l'Univers, l'animal ou le maître en devenir —, l'essentiel étant de trouver un outil qui fonctionne pour les deux parties.

Je me suis concentrée sur les petits animaux, car une personne qui n'aurait jamais connu de relation satisfaisante avec un animal serait avisée de commencer par un animal de petite taille et plus facilement contrôlable. En outre, les animaux qui sont destinés à être nos compagnons peuvent se présenter sous n'importe quelle forme.

Permettez-moi tout d'abord de vous familiariser avec l'art des chiffres. La numérologie a été inventée par Pythagore, et la majorité des scientifiques croient que le fonctionnement du cosmos se base sur des chiffres et que tous les messages peuvent être traduits dans une langue universelle si l'on utilise les chiffres. Comment cela fonctionne-t-il?

Tout d'abord, prenez votre date de naissance, puis, afin de trouver votre chiffre de personnalité, additionnez les deux premiers chiffres. Par exemple, si vous êtes né le 29, $2 + 9 = 11$ et $1 + 1 = 2$, ce qui vous donne le chiffre de personnalité de 2. Si vous êtes né un 14, $1 + 4 = 5$, donc votre chiffre est le 5.

Vous devez ensuite savoir ce que signifient ces chiffres pour pouvoir choisir un animal dont la personnalité n'entrera pas en conflit avec la vôtre.

UN

Caractérise une personne très positive qui a confiance en elle et qui est profondément aventurière.

Vous avez besoin d'un animal qui apprécie les longues promenades dans les montagnes et les expériences nouvelles. Un chien agile vous conviendrait. Prenez garde toutefois aux chiens de races plus agressives tels que les dobermans ou rottweilers, car vous pourriez entrer en conflit dans le rôle de «chef de meute». À l'inverse, un chien ayant besoin de beaucoup de soins ne vous correspondrait pas, car vous êtes plutôt indépendant et souhaitez un chien qui soit comme vous. Mon conseil serait de choisir un épagneul springer ou un colley border si vous voulez privilégier l'agilité de votre chien. Restez loin des races à longs poils qui nécessitent beaucoup d'entretien.

DEUX

S'il s'agit de votre chiffre, tournez-vous vers un animal auquel vous pouvez parler et que vous avez la possibilité de câliner. Un animal un peu turbulent ne vous dérangera pas, car vous êtes du style très décontracté. Mon conseil serait de prendre un chat ragdoll. Un autre bon choix pourrait être un lapin, ou encore un cochon d'Inde. Comme il peut vous arriver d'être d'humeur changeante et de ne pas forcément avoir envie de sortir promener un animal, le mieux serait d'éviter d'adopter un colley border, lequel vous en voudrait de ne pas lui accorder plus d'importance et de ne pas le faire sortir plus souvent, ainsi que les poissons, qui nécessitent une attention plus régulière que les gens ne le pensent.

TROIS

Vif, intelligent et enjoué, vous souhaitez un animal avec qui vous amuser dehors et partager quelques bagarres amicales. Mon conseil serait de prendre un boxer. Mais les personnalités de type Trois peuvent être quelque peu désorganisées et désordonnées, et un chat sensible tel que le chat siamois ne vous conviendrait pas. Peu de gens savent être des maîtres véritablement convenables pour les chiens turbulents et parfois difficiles que sont les beagles, mais vous feriez partie de ceux qui y parviennent.

QUATRE

Les Quatre aiment la routine. En fait, les Vierge sont souvent des Quatre. Ce sont des amis fidèles, et ils sont très déterminés lorsqu'ils s'engagent dans une cause. Par conséquent, ce sont des maîtres parfaits à de nombreux égards. Par contre, ils n'aiment pas le désordre ; il leur faut donc un chien élégant qui ne nécessite pas trop d'entretien et qui ne perde pas ses poils, comme un caniche ou un cornish rex (un chat à poil court). Les Quatre doivent éviter les animaux qui risquent de ramener de la saleté à la maison, alors pas de cochons bedonnants ni de cochons miniatures !

CINQ

De nature opportuniste avec une tendance à accepter sereinement votre destin, vous pouvez avoir un animal que d'autres trouveraient quelque peu névrotique. Que ce soit à l'extérieur ou à l'intérieur, vous pouvez vous occuper de n'importe quel animal si celui-ci a la même joie de vivre que vous. Vous aimeriez aussi bien avoir un jardin rempli d'oies que posséder un pékinois timide. Vous êtes capable de calmer un terrier du Yorkshire agité et de recueillir un perroquet abandonné et stressé. Même les animaux ayant beaucoup d'énergie trouvent dans les Cinq des âmes sœurs parfaites. Vous êtes donc la personne idéale pour faire une visite à la société protectrice des animaux ou à d'autres organismes similaires, et pour accepter dans votre cœur un animal sans foyer.

SIX

Les Six sont souvent attachés à l'aspect de leur maison et ne tolèrent donc pas le désordre, mais ils aiment faire partie d'un groupe et préfèrent ne pas être seuls. Étrangement, ils font souvent de bons psychologues, car ils aiment savoir comment les autres fonctionnent. Par conséquent, ils auront tendance à posséder plus d'un animal; la meilleure solution pour eux est donc d'avoir plusieurs chiens, si leur maison est assez grande. S'ils possèdent un jardin d'une taille suffisante, y mettre quelques poules pourrait leur convenir, car ils aimeraient certainement s'occuper d'un animal qui produit de la nourriture et qui respecte un certain ordre hiérarchique.

SEPT

Extrêmement imaginatifs, créatifs, méticuleux et introspectifs, les Sept correspondent parfaitement à la nature du chat. Ils aiment avoir un animal qui peut rester sans bouger pendant des heures en mode contemplatif, qui ne dérange jamais l'ordre établi du foyer et qui n'exige pas de jouer avec vous ou de faire de l'exercice à un moment inopportun. Les Sept ne doivent pas adopter un chien d'utilité, appelé aussi « chien de travail », car leur relation risque d'être un échec. Selon moi, le meilleur choix serait un chat burmese. Également, un animal qui vivrait à l'extérieur et que son maître pourrait aller voir pour partager un moment de calme avec lui pourrait être une solution. Par exemple, un mouton domestiqué dégagerait l'énergie tranquille que les Sept aiment tant.

HUIT

Les Huit sont souvent des entrepreneurs occupés qui ne souhaitent pas être dérangés dans leur travail. Ils sont nés avec le sens de l'organisation et peuvent s'occuper d'animaux difficiles tant qu'ils ont la possibilité de s'absenter pour de longues plages horaires et qu'ils ne doivent pas rentrer à une heure précise pour suivre une routine stricte. Un aquarium rempli de magnifiques poissons colorés leur conviendrait parfaitement. Je leur conseillerais un animal qu'ils peuvent contempler tout en se reposant de leur journée éreintante et qui ne nécessiterait pas d'efforts. Les besoins de ce genre d'animaux peu exigeants seraient facilement satisfaits et ils ne pourraient ainsi pas être négligés.

NEUF

Si vous êtes un Neuf, vous avez un sens élevé de la justice et vous soutiendrez toujours les plus défavorisés. Pour cette raison, un chien coûteux au pedigree recherché ne vous intéresse pas. Le plus faible de la portée sera toujours celui qui vous attirera le plus. Vous ne jugez pas en fonction des apparences, et un chien aux pattes arquées et à la face étrange dont personne ne veut aura toute votre attention. Par contre, il vous faut surveiller votre niveau d'énergie, car ressentir trop de compassion pour un autre être peut le diminuer, et si vous n'y prenez pas garde, vous pourriez vous retrouver en bas de l'échelle hiérarchique, ce qui pourrait être dangereux en présence d'un animal ayant une énergie élevée. Mais, à l'inverse, si l'énergie de l'animal est trop faible, vous pourriez tous les deux finir par avoir besoin d'une thérapie! Choisissez donc un animal qui vous permettrait de conserver un bon niveau d'énergie et qui est en harmonie avec vous. Ne faites pas un choix motivé par la pitié que l'animal vous inspire.

Les gens diront certainement que tout ceci n'est pas nécessaire et que l'animal qui leur convient trouvera le moyen d'aller vers eux, mais tout le monde n'est pas capable de recevoir les messages subtils et d'écouter les signes qui leur sont envoyés. Par conséquent, les explications ci-dessus visent à procurer des indications plus précises à ceux qui en ont besoin et, pour certains, à leur proposer une méthode plus scientifique. Finalement, l'animal qui vous convient trouvera en effet son chemin jusqu'à vous, mais l'utilisation de la numérologie peut accélérer le processus et vous éviter de devoir être en permanence à l'affût des signes et des messages, car certaines personnes n'ont pas les capacités intuitives assez développées. Je propose, pour ces personnes au cerveau gauche plus développé, des conseils un peu plus loin dans ce chapitre

LÂCHER PRISE

Partager sa vie avec un animal est une des expériences les plus enrichissantes qui soient, mais, bien évidemment, les animaux domestiques les plus courants ne vivent pas aussi longtemps que nous, et vient un moment où l'on arrive à la fin de l'histoire, c'est-à-dire à son départ. Après avoir publié mon premier livre, j'ai reçu beaucoup de messages de personnes qui avaient perdu leurs chers compagnons et ne savaient pas comment se remettre de cette épreuve. La plupart d'entre elles étaient accablées par un sentiment de culpabilité : « Ai-je fait ce qu'il y avait à faire ? Mon compagnon savait-il à quel point je l'aimais ? Aurais-je dû agir différemment ? » J'ai donc décidé de terminer ce livre en vous prodiguant des conseils sur les façons d'agir lorsque votre animal est en fin de vie, afin de vous donner les moyens de vous rétablir au mieux de cette terrible épreuve.

Souvent, nous avons un peu de temps pour nous préparer à la mort de notre animal, car celle-ci n'est habituellement pas soudaine. Nous espérons tous que nos animaux partiront tranquillement, mais ce n'est pas souvent le cas, et nous devons alors vivre avec la culpabilité qui entoure la décision de les faire piquer, ainsi qu'avec le chagrin occasionné par cette perte. Il faut garder à l'esprit qu'une fois infirmes, les animaux ne peuvent pas, contrairement aux humains, passer le temps agréablement à lire, à discuter ou à regarder la télévision. Si un chien ne peut pas courir, renifler toutes les odeurs ou accomplir d'autres activités canines, il ne jouit pas d'une bonne qualité de vie. Si un chat ne peut pas se laver, se lisser les poils ou chasser, il n'est plus un chat. Nous devons épargner à nos animaux des souffrances et des outrages qui accompagnent les maladies en phase terminale.

Si une personne minimise votre chagrin, n'y portez pas attention. Dites-vous qu'elle ne comprend pas. Il est très éprouvant de perdre un animal. Un chat, par exemple, peut partager votre quotidien pendant 18 ans. C'est bien plus que le temps que passent certains avec leur famille, par conséquent, la tristesse est bien réelle et la perte particulièrement traumatisante.

Si vous vous trouvez dans la situation éprouvante de devoir faire euthanasier votre animal, essayez de rester avec lui pendant le processus. Et si vous ne parvenez pas à maîtriser votre chagrin, il pourrait être bon d'avoir à vos côtés une personne que votre animal connaît. Les animaux captent nos émotions, et si vous pleurez de désespoir, votre compagnon sera angoissé, ce qui est la dernière chose à souhaiter. Que vous soyez ou non capable de rester avec votre animal, il est mieux pour ce dernier que le vétérinaire vienne chez vous plutôt que l'inverse.

Pour un petit animal, le vétérinaire commencera par administrer un sédatif. Tenez-le dans vos bras, parlez-lui, tout près de son oreille, en lui assurant qu'il n'a rien à craindre. Si vous y parvenez, vous limiterez les possibilités de vous sentir coupable par la suite, car vous saurez que vous avez fait tout ce qui était en votre pouvoir pour le bien de votre animal. Lorsque votre animal sera détendu, le vétérinaire lui administrera une injection qui arrêtera les battements cardiaques. Cette idée n'est pas agréable, mais votre animal partira paisiblement. Rapidement, il ne respirera plus. Vous pourriez voir quelques tentatives de respiration, mais il s'agit là d'une réaction naturelle. À cette étape, votre animal ne souffrira plus, ni physiquement, ni psychologiquement.

Si possible, gardez votre animal à la maison la nuit suivante au moins. Le fait de retarder le départ de son corps pourrait beaucoup vous aider. Certains disent que l'âme d'un animal a besoin de trois jours et de trois nuits pour se détacher de son corps, ce qui a causé une peine supplémentaire à ceux qui ont pensé, après coup, avoir commis une terrible erreur en ne conservant pas le corps assez longtemps. Je vous incite fortement à ne pas tenir compte de cette théorie. Parce que j'ai vécu la mort de plusieurs animaux, j'ai pu observer, à la réaction de leurs compagnons encore vivants, qu'il leur fallait au maximum 30 minutes pour quitter leur corps. Certains le quittent même instantanément. En outre, les compagnons avec lesquels nous entretenons un lien fort sont attachés à notre âme et ne seront par conséquent jamais vraiment «perdus».

Au Royaume-Uni, la plupart des conseils municipaux prennent en compte les besoins des personnes se retrouvant dans une telle situation et offrent la possibilité d'une crémation et parfois d'un enterrement. Vous devez organiser cela avant le jour de l'euthanasie. Si vous optez pour la crémation, vous aurez la possibilité de récupérer les cendres. Quoi que vous choisissiez, créer un petit monument commémoratif pourrait contribuer à apaiser votre peine. Après la crémation de mon adorable chien Ace, j'ai enterré ses cendres dans le jardin, sous un petit rosier appelé Shine On[11]. J'ai trouvé que c'était très approprié.

Avec un gros animal tel qu'un cheval, les options sont plus limitées. Bien qu'il soit particulièrement désagréable d'imaginer que votre cheval puisse être tué par une arme à feu et plus facile d'envisager la méthode de l'injection, vous devez comprendre quelle est la nature du cheval. Même si un vétérinaire peut administrer une injection de médicaments pour l'euthanasier, gardez à l'esprit qu'à l'état sauvage, ce sont des animaux de proie, et ils peuvent être particulièrement effrayés s'ils sentent leurs forces les quitter progressivement; ainsi, une mort rapide est parfois plus douce pour eux. La meilleure solution pour les deux parties, si vous en êtes capables, consiste à prendre la bride de votre cheval, à lui donner une carotte, et lorsque le coup est tiré, à vous éloigner sans regarder en arrière.

Si des enfants sont présents, il se peut qu'il s'agisse de leur premier contact avec la mort, et vous devez vous assurer d'être particulièrement à l'écoute de leurs émotions.

Pour finir, essayez de ne jamais dire «plus jamais». Comme l'a écrit Lord Alfred Tennyson, mieux vaut avoir aimé et perdu ceux qu'on aime que de n'avoir jamais connu

---

11. N.d.T. : Signifie «Continue de briller» en français.

l'amour. Votre animal ne se sentira jamais trahi si vous décidez de prendre un autre compagnon. Il ne s'agit pas d'une tentative de le remplacer, car vous et lui savez que c'est impossible, mais plutôt d'un besoin de combler le vide que son départ a causé dans votre cœur et dans votre foyer. C'est un compliment que vous lui faites, et non une insulte. Il y a, dans le monde, des milliers d'animaux qui ont beaucoup à offrir et des maîtres en devenir qui seraient comblés par leur présence. Des milliers d'animaux sont désespérés, et des maîtres en devenir pourraient leur redonner espoir. Soyez courageux et lancez-vous de nouveau dans cette expérience intense, en sachant que vous souffrirez peut-être à la fin, mais que vous en ressortirez grandi. En outre, vous pourriez avoir la chance de vous retrouver avec votre ancien compagnon, dans la mesure où vous lui laissez la possibilité de revenir à vous en ouvrant votre cœur à un autre animal. Même si votre ancien compagnon ne revient pas à vous, ce sera son désir que vous aidiez un autre animal si vous le pouvez.

UNE ÉTINCELLE DE VOTRE ÂME

Un très grand nombre de personnes m'ont écrit pour me dire combien leurs animaux étaient spéciaux, et certains étaient même un peu gênés par l'ampleur de leur tristesse après les avoir perdus, car leur entourage ne semblait pas comprendre leur réaction. Le fait est que lorsque vous êtes unis par un lien très spécial à un chien, à un chat ou à un autre animal, celui-ci peut véritablement devenir une étincelle de votre âme. Par conséquent, il est lié à vous à un niveau spirituel profond. Il est fort possible que vous ayez vécu d'autres vies ensemble et en plus, quand il part, vous perdez une partie de votre âme, de vous-même. Il n'est alors pas surprenant que la douleur soit si intense, alors ne vous sentez pas coupable, et n'essayez pas de passer outre pour faire plaisir aux gens qui n'ont jamais vécu ce que vous traversez. Le bon côté des choses est que votre lien profond vous permet de ne jamais vraiment être séparés, même si votre nature de mortel vous dit le contraire. Ces animaux resteront presque toujours auprès de vous en esprit, et si vous êtes réceptif aux petits signes, vous en recevrez de nombreuses preuves. En outre, ils reviendront probablement à vous en se réincarnant dans un autre corps, dans la vie présente ou dans une autre. Vous pouvez être rassuré. Ma plus grande peur, lorsque j'ai perdu Ace, était d'imaginer que son esprit soit perdu sans moi tellement elle avait besoin d'être près de moi dans la vie, et qu'elle me cherche en vain et souffre de mon absence autant que moi de la sienne. Aujourd'hui, je sais évidemment que cela n'a jamais été le cas, car son âme est reliée aussi sûrement à la mienne qu'un bateau à son amarre. Ainsi, il lui serait impossible de se perdre.

Si vous avez perdu un animal, vous vous demandez peut-être comment il parviendra jusqu'à vous sous la forme d'un nouveau corps si tel est son destin. Il arrive que cette mission soit très complexe pour l'animal, et s'il y échoue, il devra attendre que sa nouvelle vie arrive à sa fin pour se réincarner une fois de plus et tenter de vous retrouver. Un tel échec peut s'expliquer par le fait que son ancien maître est encore en deuil et ne cherche pas d'autre animal, ou qu'il est au contraire trop pressé, ce qui l'amène à faire de mauvais choix. Je connais des gens qui sont tombés dans ces écueils et qui n'ont pas réussi à reprendre contact avec leurs chers compagnons. Les animaux ne peuvent pas faire plus que se présenter à vous aux moments opportuns. Ils parviendront à vous au bout du compte, mais il existe des moyens d'abréger vos souffrances et d'accélérer le processus. Certaines personnes pensent qu'un animal de la même race et de la même couleur constituera un véhicule parfait pour transporter l'âme de leur compagnon. Mais cela ne fonctionne pas ainsi. Les animaux ne sont pas des sortes d'extraterrestres qui peuvent se réincarner dans n'importe quel corps existant ou dans celui que leur ancien maître a choisi pour eux.

À une époque, il y avait un soi-disant médium qui prétendait, sur Internet, qu'elle, et elle seule, avait le pouvoir de diriger l'ancienne âme de votre animal vers un corps existant et de le ramener à vous de cette façon, et si vous ne la consultiez pas, vous risquiez fort de perdre votre compagnon à jamais. L'inexactitude de ses propos à plusieurs égards m'a frappée. Tout d'abord, seuls le Créateur et l'ange attaché à l'âme de l'animal peuvent trouver le corps adéquat pour convenir à la progression de cette âme. Ensuite, qu'en serait-il de l'âme qui habite déjà ce corps ou qui est censée l'habiter ? Elle aussi a des droits ! Vous raccrocher à un chien ou à un chat qui ressemble physiquement à votre ancien compagnon ne peut que vous attirer plus de souffrance et risque de créer une relation qui ne fonctionnera ni pour vous, ni pour l'animal que vous avez choisi.

Par conséquent, si vous pensez ou espérez que votre animal reviendra vers vous, ne forcez pas les choses. Soyez patient et vigilant, et des signes vous apparaîtront. Ceux-ci sont souvent subtils, mais vous pouvez communiquer avec votre animal par le moyen de la méditation et lui demander de vous donner des indices ou des noms qui vous permettront de le reconnaître le moment venu. Si vous ne parvenez pas à le faire seul, consultez un communicateur animalier (j'en indique de très bons dans le prochain chapitre et dans le chapitre « Ressources ») et demandez-lui de vous transmettre les indices qui vous permettront de reconnaître votre compagnon. Il est possible que votre ancien compagnon vous guide vers un animal totalement différent, par exemple dans le cas où l'âge de ce dernier l'empêche de porter en lui son âme, et si cela vous arrive, soyez convaincu que l'étincelle de son âme sait mieux que quiconque ce qui est bon pour vous et pour l'animal qu'il vous indique.

La confiance est un aspect essentiel de la relation qui unit un animal et un humain. Il est possible que votre compagnon se réincarne dans un corps d'humain, mais qu'il prévoie malgré tout de ramener un animal dans votre vie. Avoir confiance est nécessaire, et une fois que vous acceptez l'idée que vous et votre animal bien-aimé êtes unis et liés au niveau de votre âme, vous y parviendrez plus facilement. Vous pouvez me croire sur un point : l'animal que vous pleurez et sans lequel vous pensez ne pas pouvoir vivre ne vous quittera jamais. Votre lien pourrait prendre une autre forme que le réconfort d'un animal au pelage brillant ou au corps recouvert d'écailles, que l'amour d'un ami à fourrure ou qu'un battement d'ailes frôlant votre tête. En effet, il pourrait se manifester sous la forme d'une odeur familière, du poids d'un chien invisible sur votre lit, ou de l'ombre furtive d'une queue de chat traversant une porte, mais votre compagnon sera là, à vos côtés, pour l'éternité.

CHAPITRE 12

Aide de spécialistes

Où trouver de l'aide si vous ne parvenez pas à créer un lien avec votre animal

J'ai interrogé d'excellents communicateurs et guérisseurs animaliers pour que les lecteurs qui ne parviennent pas à créer un lien avec leur animal sachent à qui faire appel. Il n'y a rien de pire que de lutter seul, et rien ne justifie de le faire, puisqu'il existe de merveilleux spécialistes qui sauront vous aider. Il sera également intéressant pour eux d'apprendre que ces spécialistes ont dû travailler pour en arriver où ils sont et que tout le monde peut apprendre à communiquer avec son animal. N'hésitez pas à m'écrire pour me raconter comment vous vous en sortez.

> Quand j'étais enfant, j'adorais les animaux et je désirais par-dessus tout être entourée de chevaux. Je me souviens aussi que ma mère me conseillait de ne pas m'approcher de chiens que je ne connaissais pas, dans l'éventualité où ils seraient dangereux, mais cette pensée ne m'a jamais traversé l'esprit, et je ressentais toujours le besoin de créer un lien avec eux.

J'ai compris avec du recul qu'en essayant de me protéger, ma mère m'imposait ses propres peurs — peurs
que je n'aurais pas ressenties en raison de mon rapport
aux animaux. Ma mère vivait les choses différemment.
De cette divergence, j'ai appris à me fier à mes intuitions
et à croire en moi. Mes pensées et perceptions sont peut-
être différentes de celles des autres, mais je ne dois pas
en conclure que j'ai tort. J'ai rapidement compris que les
gens imposaient inconsciemment des peurs inutiles aux
enfants qui se trouvaient ainsi privés de leur spontanéité
naturelle.

J'ai grandi dans une famille qui aimait les animaux en
théorie, mais qui n'a jamais vraiment compris le sens réel
de notre relation avec eux. Ainsi, les animaux restaient
à leur place et vivaient dans des environnements qui ne
leur convenaient pas, même s'ils étaient entourés
d'amour. Il y avait notamment Bruce, qui était un caniche.
Bruce était un petit chien très énergique, et pour cette
raison, ma famille a pensé qu'il ne pouvait pas être laissé
seul avec un enfant et l'a donc donné à un autre foyer.
Ensuite, une visite à Battersea Dogs Home nous a permis
d'accueillir Prince dans notre vie. C'était un colley border,
et mes parents ne savaient pas que cette race avait particulièrement besoin de se dépenser et d'être régulièrement toilettée. À cause de notre emploi du temps chargé,
nous n'avons jamais su créer de lien réel entre nous.
Prince nous a d'ailleurs fait part de son insatisfaction de
la seule façon qu'il a trouvée, en laissant sa marque dans la
cuisine, où il passait le plus clair de son temps. C'est
lorsque nous étions dans le parc, glissant sur les tobog-
gans et sautant sur le tourniquet, que Prince était le plus
heureux. Il avait beaucoup d'amour à donner, mais aucun
de nous n'a su l'écouter. Puis, nous avons eu plusieurs
chats, notamment Sooty, un matou noir. Il était d'une
taille imposante et avait une petite touche de blanc sous

le menton. C'était sans conteste une vieille âme. Il semblait deviner à quel moment nous allions rentrer à la maison, et il nous attendait toujours pour nous accueillir. Nous adorions cet aspect de sa personnalité. Sooty était très sociable et sa présence était réconfortante, ce qui l'avait rendu très populaire auprès des autres patients de l'hôpital vétérinaire et lui avait valu d'être nommé « le » chat de l'hôpital, jusqu'à ce qu'il nous quitte à l'âge de 18 ans.

Ensuite, de nombreux événements sont survenus dans ma vie, comme la plupart des gens : je me suis mariée, j'ai eu un fils, je me suis séparée de mon mari et un divorce s'en est suivi, avant qu'un autre animal n'entre dans ma vie. Quand mon fils a eu trois ans, j'ai trouvé important de lui montrer comment prendre soin d'un animal. J'en avais appris beaucoup dans ce domaine depuis mon enfance et j'avais tiré des leçons des erreurs commises par ma famille. J'avais compris quelle était la nature du lien qui unissait un animal à son maître, et je sentais qu'il était très important de transmettre mes connaissances à mon fils pour que lui aussi sache aimer les animaux comme moi et qu'il connaisse le bonheur de ne faire qu'un avec eux.

Nous avons donc choisi un chaton gris, mais celui-ci est malheureusement mort moins d'une semaine après, des suites d'une entérite infectieuse féline. Cette triste fin aura au moins eu l'avantage de montrer à mon fils combien les humains pouvaient être irresponsables. Si les gens laissent à leurs chats la possibilité de se reproduire, ils devraient au moins vérifier que cela ne présente aucun danger. Le décès du chaton s'est produit un soir où j'étais encore au travail et où mon père avait récupéré mon fils à la garderie. En pénétrant dans la cuisine, ils ont trouvé le pauvre petit dans un triste état.

Plus tard, nous avons accueilli deux chatons noirs que nous avons baptisés Bonnie et Clyde. Clyde était un gros chat aventurier, passant son temps dehors à explorer, jusqu'au triste jour où il n'est pas revenu à la maison. À partir de là, Bonnie s'est assurée de ne jamais s'éloigner de nous. Elle était à peu de choses près une chatte d'intérieur, mais elle avait un caractère dominant et s'arrangeait toujours pour faire comprendre à mon fils qu'il s'était aventuré trop loin. Bonnie avait un cœur en or, elle nous inondait d'amour et de preuves d'affection, et elle nous faisait beaucoup rire. Elle s'arrangeait toujours pour dormir dans les endroits les plus étranges et les contenants les plus petits, par exemple enroulée autour d'une plante ou coincée au fond d'un coffre à jouets. Elle était bien meilleure que moi pour taper à l'ordinateur et s'amusait à attraper les stylos avec lesquels j'écrivais. J'entendais presque son rire pendant qu'elle tentait d'empêcher la progression de mon stylo sur le papier. Quel plaisir d'avoir connu un animal d'une telle personnalité et de pouvoir nous rappeler aujourd'hui de tous les moments passés avec nos chers compagnons !

Peu après le décès de mon père alors que mon fils avait 14 ans, un bichon maltais femelle est entré dans notre vie. Nous l'avons baptisée Pepper. Elle était amusante et tellement petite ; cette boule de poils blanche pouvait se faufiler sous les meubles et nous suivait partout. Pepper était la petite fille que je n'avais jamais eue. Elle me procurait une joie incommensurable, et à mesure que notre lien se renforçait, notre confiance réciproque devenait évidente. Elle savait que si je lui disais quelque chose, c'était pour son propre bien, et elle réagissait comme si elle comprenait la signification de chacune de mes paroles. Souvent, elle savait ce que je m'apprêtais à faire avant que j'en aie moi-même conscience, et elle manifestait à notre égard une loyauté et une patience illimitées. Elle jouait souvent avec sa sœur, qui vivait dans le voisinage, et elles aimaient se promener et courir ensemble. Lorsque Pepper aboyait, c'était pour jouer, pour attirer notre attention ou pour nous prévenir d'un danger. Sa sœur était la « rapporteuse », alors que Pepper était du style décontracté et calme, sa sœur était très rigide et stressée. Si, pour une raison ou une autre, Pepper n'arrivait pas à sortir de la maison, sa sœur se précipitait vers sa maîtresse et tirait sur sa jambe jusqu'à ce qu'elle la suive en bas ou vers l'autre côté de la maison pour lui montrer qu'elle devait ouvrir la porte. Elles formaient un parfait duo et nous ont souvent fait pleurer de joie. En me remémorant ces souvenirs aujourd'hui, les larmes me montent aux yeux quand je pense à la perte de cette magnifique relation, fondée sur l'amour, la loyauté et la confiance. Pepper était peut-être coincée dans un corps à quatre pattes, mais elle était aussi humaine que vous et moi, et vous vous seriez perdu dans ses yeux débordants d'amour.

Nous avons passé 13 heureuses années ensemble, jusqu'à sa mort, le 18 février 2007. Ce dimanche matin, la journée s'annonçait pareille aux autres. Il n'y eut aucun signe de son départ imminent — plutôt le contraire, car je savais deviner lorsqu'elle allait mal, et ce n'était a priori pas le cas. Presque un an avant, Pepper était tombée gravement malade, et j'avais dû consulter un vétérinaire qui avait tenté un traitement avec elle, mais ce dernier avait empiré son état. J'avais donc décidé de croire en moi et d'arrêter la prise de médicaments pour la traiter naturellement en lui administrant des vitamines et en modifiant son alimentation, ce qui a immédiatement amélioré son état. Je me suis renseignée sur les suppléments et les vertus de différents aliments pour trouver ce dont elle avait besoin pour bénéficier de tous les nutriments nécessaires à une vie saine. Elle ne mangeait que très rarement de la nourriture préemballée et se régalait plutôt d'une variété de repas, en mangeant aussi bien que n'importe quel être humain. De cette façon, j'ai pu la garder parmi nous une année supplémentaire, pour laquelle ma reconnaissance sera éternelle, car c'est pendant cette période que nous avons été le plus proches.

Pepper m'a donné de nombreuses leçons, et elle continue à le faire en esprit. Elle m'a révélé que nous pouvions communiquer avec les animaux, et c'est ce que j'essaie de transmettre aujourd'hui. Le choc de son départ fut très difficile à surmonter les premiers jours. Lorsqu'elle nous a quittés, j'ai allumé une bougie et l'ai déposée dans son panier, auquel elle était très attachée. Puis, j'ai appelé la maîtresse de sa sœur, ainsi que mon fils, pour qu'ils puissent venir lui dire au revoir. Nous étions dimanche, et il me paraissait raisonnable de la garder jusqu'au mardi, en me gardant la journée du lundi pour organiser les choses et préparer son corps physique. Ainsi, son âme disposait du temps nécessaire pour faire la transition vers le monde des esprits. Sa mort avait été tellement soudaine qu'il semblait logique de lui laisser du temps et de l'espace.

En fait, elle avait succombé à un anévrisme, c'est-à-dire un petit caillot sanguin, et tout s'était passé en quelques secondes. Il pourrait difficilement y avoir une plus belle mort que celle-là. Puis, une fois le mardi passé, je me suis retrouvée dans le silence. Pepper n'avait plus besoin d'être promenée ou nourrie, je n'avais plus à préparer ses repas ni à ouvrir des portes, je me retrouvais sans mon amie à mes côtés, et les larmes ont commencé à couler tandis que j'essayais de comprendre : pourquoi ? Pourquoi était-il si important que Pepper parte maintenant ? Lorsque j'ai posé cette question dans mon esprit, la réponse qui m'est venue fut la suivante : je l'avais toujours fait passer en premier, et il était temps pour moi de me donner la priorité et de me tourner vers l'avenir. Ma petite Pepper me parlait en esprit et, comme toujours, elle avait raison. Ma vie était devenue très limitée et tournait autour de la maison, où je travaillais également. Lorsque nous sortions, elle était la première que les gens saluaient, puis c'était mon tour. Elle était la première à «dire bonjour» aux gens que nous croisions, et c'était elle qui me prévenait de la présence de gens mal intentionnés. Elle savait qu'à certains égards, elle se trouvait entre moi et le monde extérieur, et elle continue aujourd'hui à me guider et à me réconforter. Lorsque je transmets mes enseignements, elle est avec moi, et c'est l'animal avec lequel il m'est le plus facile de communiquer. Je sais maintenant que je ne l'ai pas perdue, car elle vit en moi et m'accompagne sur mon chemin, me précédant même comme elle le faisait sur Terre — la seule différence étant que personne ne la voit. Personnellement, j'en suis convaincue, et c'est tout ce qui compte.

C'est lorsque nous enseignons la communication animalière aux autres que nous travaillons le mieux ensemble, notre but étant de déclencher chez les gens une extraordinaire prise de conscience qui leur permettra de vivre la même expérience par eux-mêmes. Je veux montrer que nous pouvons tous, sans exception, communiquer avec les animaux. La clé de la réussite réside dans notre foi et notre volonté de croire que cela est possible. Grâce aux ateliers que j'anime, je souhaite que les gens soient convaincus de leur capacité à communiquer avec les animaux. Ils y apprennent qu'avec de l'entraînement, ils arriveront à s'investir véritablement auprès de l'animal avec lequel ils communiquent, ce qui peut devenir une source de nombreux bienfaits. Je suis en mesure d'animer une conversation à trois, avec un maître et son animal, en leur servant de lien, et mon but est d'enseigner ma méthode aux autres. Je suis également capable d'enseigner aux gens comment localiser un animal perdu, en gardant à l'esprit que celui-ci n'est perdu que dans l'esprit du maître et qu'il est nécessaire de communiquer avec lui pour savoir s'il l'est réellement ou s'il a quitté son foyer par choix. La communication animalière permet de connaître le monde des animaux et de comprendre ce qu'ils sont sur les plans mental, physique, émotionnel et spirituel. Qu'attendent-ils de nous ? Quelle est leur mission dans notre vie ? En comprenant qu'il n'y a ni dominant ni dominé, nous pouvons réellement accueillir l'âme d'un animal comme notre égale.

Linda Lowey
www.talkingwithanimals.co.uk

Vous pourrez vous questionner, si vous me demandez une séance de guérison avec votre animal, sur ce que vous aurez à faire. La réponse est : très peu de choses. Au cours d'une séance à distance avec moi, votre animal pourra faire ce qu'il veut, car je travaillerai sur son champ d'énergie, et l'endroit physique où il se trouvera importera peu.

Au cours d'une séance directe où j'utilise les mains, votre animal pourrait réagir en examinant mes mains, en se frottant contre elles ou en restant éloigné de moi. Il n'y a pas de règles. C'est votre animal qui dirigera la séance, et je collaborerai avec lui en apposant mes mains sur lui ou en étant simplement avec lui, même s'il décide de s'installer loin de moi. Il se pourrait qu'il sombre dans un état de profonde relaxation, et même qu'il s'endorme. Soyez assuré que je traite tous les animaux avec amour, compassion et respect.

Dans mon travail, je rencontre souvent des animaux qui savent être parvenus à la fin de leur séjour sur Terre, qui ont une mission dans la vie présente ou qui ont besoin d'aide pour passer dans l'Autre Monde. Voici quelques récits portant sur ces animaux extraordinaires.

Il y a quelques années, j'ai eu une séance avec un chat, appelé Barnaby, qui prouve que les animaux sont bien conscients de leur mortalité et de la raison de leur existence.

La maîtresse de Barnaby m'avait contactée, car elle voulait savoir comment il allait. Après une petite entrée en matière concernant sa vie, ses activités favorites, son alimentation, etc., il m'a confié que sa vie sur Terre arrivait à sa fin. Il l'a fait en toute simplicité, sans fanfare. Je trouvais qu'il était un peu le Bob Marley du monde félin : calme et très décontracté. Il envisageait cet événement avec beaucoup de sérénité. La sagesse et l'acceptation qui émanaient de lui étaient stupéfiantes, et je n'en croyais pas mes oreilles. Il était très inhabituel d'entendre un animal parler de sa mort à un communicateur animalier sans y avoir été incité. Barnaby s'est contenté de le glisser dans la conversation, l'air de rien.

Il m'a expliqué qu'il était prêt à entreprendre son dernier voyage, qu'il avait mené une existence merveilleuse avec sa maîtresse et que son corps devenait vieux et usé. Le jour de la séance, Barnaby était en bonne santé, si ce n'était un problème de gencives. Le vétérinaire n'avait rien décelé d'anormal chez Barnaby, qui profitait de la vie en faisant des bêtises et en se disputant avec sa sœur, une chatte rousse au caractère explosif.

Cinq mois plus tard, sa maîtresse m'a de nouveau contactée, car elle était préoccupée par sa santé qui déclinait, même si le vétérinaire ne lui avait rien diagnostiqué. Dès que je suis entrée en contact avec Barnaby, j'ai senti que son énergie était plus basse et que sa force de vie diminuait doucement. Il était heureux de pouvoir communiquer avec moi et m'a informée que la fin était proche.

Il m'a confié ce jour-là que sa mission avait été de prendre soin de sa maîtresse et de l'aider à se détendre. Cette remarque m'a fait sourire, car celle-ci était toujours en mouvement, très occupée et entourée de monde, et rarement calme et détendue. Ainsi, il s'assurait qu'elle prenne le temps de le caresser ou de jouer avec lui, il allait l'accueillir lorsqu'elle rentrait à la maison, et il dormait sur son lit et sur son oreiller pour être près d'elle. Il était un peu comme son ombre. Selon lui, sa mission avait été simple mais importante, et il avait le sentiment de l'avoir accomplie. Cette fois encore, il irradiait la sérénité et était très philosophe quant à son départ. Il m'a expliqué qu'il se débrouillerait seul lorsque son heure serait venue, et j'étais loin de me douter de ce qu'il avait en tête.

Quelques mois plus tard, sa maîtresse m'a appelée, et j'ai senti dans sa voix que quelque chose n'allait pas. En effet, Barnaby avait disparu. Surprise, j'ai immédiatement pris contact avec lui, et ses réponses me sont venues très clairement. Il s'était isolé pour rendre son dernier souffle. Son corps se trouvait dans le voisinage, mais son âme l'avait quitté depuis un bon moment. Il m'a transmis un message pour sa maîtresse et m'a confié que son départ s'était fait paisiblement, comme il l'avait voulu. Sa maîtresse a reçu le message le cœur lourd, en me disant qu'elle savait, au fond d'elle, que Barnaby était parti. Je n'oublierai jamais cette communication, car elle m'a permis de comprendre que certains animaux possédaient des capacités psychiques qui leur permettaient de connaître leur avenir et d'être très conscients de leur propre mortalité.

Je vais vous raconter maintenant une autre histoire remarquable concernant l'âme d'un animal.

Il y a quelque temps, on m'a demandé de faire quelques séances de guérison avec une petite chienne nommée Zephyr. C'était une petite femelle très mignonne qui souffrait de problèmes respiratoires. Il m'arrive souvent, pendant la séance de guérison, de laisser le canal de communication ouvert pour que l'animal puisse s'exprimer, s'il le souhaite. Zephyr le savait et en a profité. Elle m'a confié que quelques changements avaient récemment été apportés à l'organisation de ses nuits en manifestant son insatisfaction à cet égard. Lorsque j'ai transmis le message à sa maîtresse, celle-ci est restée sans voix, car ce qu'exprimait Zephyr était très sensé. Elle est donc revenue à l'ancien mode de fonctionnement, et Zephyr a immédiatement manifesté sa satisfaction.

Les séances de guérison se sont bien passées, et les problèmes respiratoires de Zephyr ont d'abord diminué, puis sont disparus totalement. Ensuite, elle a réclamé différentes choses pour contribuer à améliorer sa santé (elle était à un âge avancé). Grâce à quelques ajustements simples dans son alimentation, son état s'est considérablement amélioré, ce qui lui a permis de profiter de la vie et de ses promenades.

Quelques mois après les séances de guérison, sa maîtresse m'a contactée pour m'apprendre que Zephyr était morte subitement dans leur jardin. Cette femme était inconsolable, et je dois reconnaître que je pleurais également, car j'aimais beaucoup cette petite chienne, qui avait du charisme et une forte personnalité.

Quelques jours plus tard, elle m'a rappelée pour me dire que Zephyr lui était apparue dans la maison, avec un corps en pleine santé et le poil brillant comme si elle avait rajeuni. Cette apparition avait duré quelques minutes, et Zephyr avait eu le temps de dire à sa maîtresse qu'elle ne devait pas être triste, car elle était très heureuse et allait bientôt revenir sur Terre. Cette femme était ravie d'avoir vu sa chienne une dernière fois et souhaitait avoir mon avis sur la question. Je lui ai répondu qu'elle avait bien vu son chien et qu'un chiot allait peut-être entrer dans sa vie bientôt et lui rappellerait Zephyr. En effet, deux mois plus tard elle m'a appelée pour m'apprendre qu'elle avait adopté un chiot, puis elle m'a envoyé quelques photos de lui, et j'ai senti en les voyant que l'esprit de Zephyr était présent. Sa maîtresse m'a confirmé ensuite qu'en ce qui a trait à ses goûts et à ses traits de caractère, ce chiot ressemblait beaucoup à Zephyr.

J'ai trouvé cela curieux, car les deux chiens n'étaient pas du tout de la même race, et leurs similitudes ne pouvaient donc pas être mises sur le compte des caractéristiques de leur race. C'est en effet très étrange, mais je suis heureuse de savoir que Zephyr est maintenant heureux sur le Pont de l'arc-en-ciel et que son âme a peut-être retrouvé l'amour auprès de sa maîtresse sous la forme d'un autre corps.

Ma propre expérience avec mes animaux illustre bien que ceux-ci peuvent parfois demander de l'aide pour passer dans l'Autre Monde.

J'ai eu un hérisson pygmée d'Afrique appelé Zoe. C'était une femelle adorable, espiègle et pleine d'énergie, qui était très intelligente et déterminée. Ensemble, nous avons partagé cinq années merveilleuses. Les derniers mois de sa vie ont été les plus difficiles, et pourtant parmi les plus intenses que j'aie jamais vécues avec un animal. On lui avait diagnostiqué un syndrome du wobbly, lequel, malgré son nom amusant, dissimule une maladie mortelle. On la compare à la sclérose en plaques chez les humains.

En raison de ma profession, je savais que des thérapies complémentaires pouvaient contribuer à soulager la douleur que ressentait Zoe et l'aider à supporter les symptômes graves qu'elle n'a pas tardé à avoir, comme l'incontinence, une difficulté à se déplacer et de la douleur. Pendant des mois j'ai caché mes émotions pour me consacrer à son bien-être au moyen de la physiothérapie, de l'hydrothérapie, de traitements de guérison par apposition des mains et à distance, tout en la nourrissant des aliments les plus naturels qui soient et en lui donnant des traitements à base de plantes en parallèle avec des médicaments prescrits par le vétérinaire. Zoe semblait bien tenir le coup et me confiait souvent qu'elle était reconnaissante pour mes soins, jusqu'à ce qu'un jour où je procédais à une séance de guérison avec elle, j'ai entendu clairement dans ma tête que je pouvais arrêter, mes soins n'étant plus nécessaires. J'ai alors su qu'elle serait bientôt libérée de son corps terrestre, et c'est ce qui arriva quelques semaines plus tard.

Le matin où Zoe nous a quittés, je l'ai trouvée mal en point dans sa boite, et des pensées ont immédiatement surgi dans mon esprit : « Il est temps que je parte. Laisse-moi partir, s'il te plaît. J'ai besoin d'aide pour quitter ce corps. » En larmes, j'ai appelé le vétérinaire pour prendre un rendez-vous. Sur le chemin vers l'hôpital, Zoe est restée lovée contre mon bras, son petit museau posé contre ma poitrine, ses yeux rivés sur les miens. Je l'entendais clairement me dire qu'elle avait eu une belle vie, qu'elle était reconnaissante pour tout ce que nous avions fait pour elle et que son heure était venue. Elle souffrait énormément et voulait partir pour que la douleur s'arrête. Le vétérinaire a confirmé qu'elle avait une grosse tumeur à l'estomac et j'ai dû faire mes adieux à ma petite âme sœur.

Nous n'avons pas attendu pour lui administrer l'injection, et je n'oublierai jamais ce moment alors que je caressais son petit visage en lui parlant doucement et que les larmes coulaient sur mon visage. Puis, Zoe a fait un gros effort pour relever la tête, m'a regardée dans les yeux et m'a dit « merci » par télépathie. Ensuite, elle a pu partir en paix, et je savais qu'une nouvelle aventure l'attendait.

Depuis, j'ai adopté deux chats persans provenant d'un refuge, et l'un d'eux est né la même année que celle du décès de Zoe. Certains de ses comportements me font penser à elle. Se pourrait-il qu'elle se soit arrangée pour revenir chez elle ? Peut-être est-ce une illusion de ma part, mais je suis convaincue, au fond de moi, qu'elle ne nous a pas quittés. Elle est autour de nous, et il ne fait aucun doute qu'elle vit dans nos cœurs.

Oephebia
www.animalscantalk2me.com

J'exerce le métier de communicatrice animalière depuis 2000, dans l'État de l'Illinois où je réside, mais également dans d'autres parties du Midwest, ainsi que dans l'ensemble des États-Unis. Mon désir d'aider les animaux et leurs compagnons humains m'a été inspiré par mon ami félin, Panda, un compagnon qui était habité par la grâce, la sagesse et la gaieté, et qui est passé à l'état d'esprit lorsque j'ai entamé ce nouveau cheminement.

À l'automne 1999, Panda a subitement souffert d'insuffisance rénale. J'étais dévastée par cette mauvaise nouvelle. À l'époque, je connaissais une personne qui avait la capacité de retransmettre les pensées et les sentiments des animaux. Celle-ci m'a communiqué ce que Panda pensait à propos de l'aide que je lui apportais, et nous avons réussi à mieux surmonter une période très éprouvante qui s'est étendue sur six semaines. Alors que la vie de Panda tirait à sa fin, j'ai commencé à recevoir ses pensées, et ce fut une grande joie pour nous d'avoir ce nouveau mode de communication.

Lorsque le temps est venu d'aider Panda à quitter le monde physique, la connexion que nous avons pu avoir de cœur à cœur et d'esprit à esprit nous a permis de vivre une expérience de compréhension et de découverte, au lieu d'être simplement accablées par le chagrin. Ce fut pour moi un cadeau merveilleux qui m'a permis de réaliser que ce lien avec les animaux et la nature faisait partie de ma mission de vie, et que je devais apprendre aux autres à créer ce même lien avec leurs compagnons.

À la suite de cette prise de conscience, j'ai commencé à travailler plus étroitement avec les animaux. Je suis devenue assistante vétérinaire dans une clinique locale de réadaptation animale, gardienne d'animaux et bénévole dans des réserves pour animaux.

J'ai rapidement donné des cours sur la communication animale pour aider les gens à redécouvrir leurs habiletés télépathiques et à prendre suffisamment confiance en eux pour communiquer avec leurs animaux. La passion avec laquelle j'ai transmis mes connaissances et soutenu tous ceux qui souhaitaient créer un lien plus profond avec leurs animaux m'a valu de recevoir des milliers d'élèves dans le cadre de mes cours. Je suis très honorée de compter maintenant parmi mes pairs de nombreux communicateurs animaliers et guérisseurs holistiques ayant débuté dans mes cours, alors qu'ils cherchaient à expérimenter ce lien à la fois magique et scientifique avec leurs compagnons.

Mon engagement à procurer une guérison émotionnelle profonde aux animaux et à leurs maîtres m'a incitée à fonder le Animal Spirit Healing & Education® Network (ASN). Lancé en 2006, l'ASN est une plateforme pédagogique collaborative visant à améliorer la vie de nos animaux et de leurs compagnons humains. Ce site propose des cours en salle, des cours par Internet et de l'information pertinente sur différents aspects du bien-être animal.

Je réside dans la ville de Pekin, en Illinois, avec ma fille et nos deux chats, Augie et Blinky, et je suis une communicatrice animalière à temps plein et présidente de l'Animal Spirit Network.

Voici un message d'une de mes clientes :

Merci beaucoup pour votre gentil courriel et plus particulièrement pour la séance de communication d'hier soir. Je ne pourrais vous dire ce que cela signifie pour moi, ni à quel point j'admire votre don. Il s'agit véritablement d'un don de guérison qui vous vient directement de Dieu. Le travail que vous accomplissez m'apparaît sacré et nécessaire. Nous découvrons à quel point les liens qui nous unissent sont profonds, plus particulièrement avec nos compagnons de vie, et toute l'importance qu'ils revêtent. Ils nous donnent tant, tellement vite. Vous aviez absolument raison concernant leurs différentes personnalités et énergies. Merci encore. Vous êtes sur le chemin d'un accomplissement extraordinaire ! Je suis heureuse d'avoir pu faire un peu de route avec vous.

— Avec tout notre amour, de la part de Joanne, Amber, Little Cat et Deva.

Au cours de mes séances avec les clients, j'ai découvert que le format de questions-réponses était celui qui fonctionnait le mieux pour moi et pour les animaux. Habituellement, le travail est plus efficace si le client prépare les questions qu'il souhaite poser à son compagnon au cours de la séance. De cette façon, la séance est plus organisée et productive pour tout le monde. Poser entre six et neuf questions par animal semble fonctionner très bien, et je prévois du temps pendant la séance pour les questions qui pourraient surgir en fonction des réponses données.

La plupart des animaux souhaitent profondément communiquer et sont heureux de discuter de nombreux sujets sur lesquels ils attendaient de pouvoir partager leurs points de vue. En planifiant à l'avance, il est important de s'assurer que les éléments clés du moment seront abordés au cours de la séance. Les compagnons de mes clients auront également l'occasion d'ajouter des sujets de conversation à la liste de départ.

Je dois connaître le nom de l'animal, sa race, sa description physique, son sexe et son âge. Il n'est pas nécessaire d'apporter des photos pour une consultation en direct, mais si celle-ci se fait par téléphone, il est préférable de m'en faire parvenir une pour la séance prévue et pour les suivantes, s'il y en a d'autres.

Pour commencer la séance, je préfère toujours laisser l'animal s'exprimer en premier avant de lui poser les questions préparées. Ainsi, il a la possibilité d'exprimer dès le départ les souhaits qu'il peut avoir. La traduction se fait phrase par phrase, puis le client reçoit la réponse dès que l'animal me la transmet.

Miracles et surprises
En restant ouverte aux surprises et aux guérisons qui se produisent à un niveau plus profond, j'ai pu remarquer que les plus petites subtilités étaient parfois la clé qui permettait de déclencher une guérison de l'animal et de la personne. Dans le cadre d'une de mes premières séances, c'est la confiance qui s'est avérée être la clé.

Ce jour-là, Duke le chat m'a accueillie par télépathie en aboyant dès le début de la séance téléphonique. J'ai rétabli le lien télépathique plusieurs fois, pensant que mon prochain client canin était en avance, mais je recevais toujours la même réponse : des aboiements. J'ai pris du recul pour m'assurer que j'étais bien centrée, que mon esprit était neutre, mais les aboiements ne cessaient pas. Décidant de m'y fier, je me suis adressée aux aboiements de Duke, le chat. La porte de la communication télépathique s'est alors ouverte, et Duke, une jeune créature aventurière et enthousiaste, s'est présentée à moi. Il aurait voulu être un chien, ce qui expliquait certains de ses comportements désagréables et son irritabilité à l'égard des autres chats de la maison.

Accepter cet aspect de sa personnalité a permis à ses maîtres d'établir plus d'harmonie dans le foyer, car ses interactions avec les autres chats se sont nettement améliorées après la séance.

Une grande partie de mon travail concerne des clients qui souhaitent prendre contact avec un compagnon en fin de vie.

Une de mes clientes, Margaret, éprouvait de grandes difficultés à se remettre de la mort de Lady, sa chienne et compagne de longue date. Elle m'avait raconté des histoires et montré des photos de leur vie ensemble, et Lady souhaitait également partager ses propres souvenirs ! Puis, elle a assuré à Margaret qu'elle allait bien et qu'elle était entourée d'anges qui prenaient soin d'elle. D'après ses descriptions, elle se trouvait dans une cathédrale majestueuse aux magnifiques piliers et au sol en marbre, un lieu de cérémonie et de traditions. Cette image a transmis à Margaret le message que Lady était en sécurité dans son sanctuaire. Je venais visiblement de leur enlever à toutes les deux un gros poids des épaules.

Par la suite, Lady s'est réincarnée dans un corps physique pour profiter une fois de plus de la vie terrestre avec Margaret. Peu avant sa réincarnation, Lady a expliqué qu'elle allait revenir sous la forme d'un félin, dans l'intention d'être un compagnon facile à vivre pour Margaret, qui était à la retraite. Cependant, les énergies ont basculé juste avant sa réincarnation, et Lady a finalement décidé de revenir sous les traits d'un chiot très énergique. Margaret était aux anges de retrouver sa compagne bien-aimée, rebaptisée Chloe, et d'avoir auprès d'elle une énergie jeune et pleine de vie pour illuminer sa vie.

J'aide également les gens qui ont perdu leur animal. Il y a des bons et des mauvais côtés dans ce genre de démarche, et au fil des ans, j'ai réussi à mettre au point une approche qui me convient. J'ai également remarqué que certains de mes élèves avaient un don particulier pour retrouver les animaux et je les encourage à continuer dans ce sens.

Dans la situation d'un animal perdu, je propose habituellement une séance de 20 à 30 minutes. Ce délai me donne la possibilité d'avoir de premières impressions quant à l'état de l'animal et à l'environnement où il se trouve, et de demander une aide énergétique pour remettre le client en contact avec son compagnon. Le processus qui entoure les animaux perdus évolue en permanence.

Ces cas sont habituellement accompagnés d'importants facteurs de stress émotionnel ; il est donc important que l'animal sente son maître centré et stable pendant la séance. La communication et la recherche qui s'ensuivra en seront ainsi facilitées.

Un cas d'animaux perdus que j'ai eu à traiter concernait Boise et Clyde, deux chats à la fois d'intérieur et d'extérieur qui avaient décidé de partir à l'aventure au beau milieu de l'hiver, dans la ville de Chicago. Chaque fois que je leur parlais, ils m'assuraient que tout allait bien, qu'ils n'avaient pas froid et qu'ils arrivaient à se nourrir. Ils m'affirmaient également qu'ils connaissaient le chemin pour rentrer à la maison, mais, après quelques conversations, il est devenu évident qu'ils attendaient que quelque chose change dans leur foyer pour y revenir. Leur maîtresse, Joanne, devait apporter certains changements à sa vie, et leur absence était censée en être le catalyseur.

Au bout de trois semaines froides, j'ai reçu le signe distinct de leur retour imminent. Après avoir communiqué sérieusement avec eux pendant 20 à 30 minutes, j'ai ressenti un immense basculement énergétique, puis j'ai entendu un bruit similaire à celui que fait le couvercle d'un pot fermé sous vide. Boise et Clyde ont terminé la séance en confirmant à Joanne qu'ils allaient rentrer. Je ne savais pas combien de temps ils allaient prendre pour revenir, mais il se trouve que, le lendemain matin, Boise s'est faufilé par la fenêtre laissée ouverte pour lui et son compagnon. Puis, il est reparti en ramenant Clyde, auquel il avait certainement donné le « signal de fin d'alerte ». Les deux chats sont donc revenus en trottinant, comme si rien ne s'était passé.

Dernières pensées
Le conseil que je donne à mes clients et à mes élèves est de se fier à leur intuition, d'écouter leur cœur et de passer des moments calmes avec leurs animaux, avec la nature et avec eux-mêmes. Honorez et nourrissez votre être, lâchez prise et amusez-vous.

Les animaux voient dans votre cœur, en laissant de côté ce qui ne vous appartient pas vraiment. Fiez-vous à leurs enseignements, et écoutez-les vous rappeler que vous pouvez être constamment en contact avec leur amour et leur conscience, si vous le désirez.

Carol Schultz
carolschultz.com

« Mais que fais-tu donc avec ce chat ? » Cette phrase, je l'ai entendue presque tous les jours de la bouche de mes parents, dès l'instant où mon père a ramené à la maison un chat noir maigrichon et à moitié sauvage pour me « tenir compagnie », quand j'avais huit ans. Parce que j'étais une enfant unique aux parents très occupés, je passais le plus clair de mon temps à lire tout ce que je trouvais sur le sujet des animaux. Je me cachais donc dans ma chambre et me plongeais dans une montagne de livres.

Un jour, mon père, qui travaillait dans une aciérie de la ville, a été chargé par son collègue parti en vacances de nourrir les chats de l'usine. Tous étaient des chats errants qui avaient été abandonnés dans cet environnement industriel hostile, par des maîtres avec lesquels ils pensaient peut-être vivre pour toujours.

Parmi eux, un chat noir que j'ai plus tard baptisé Timmy, a fait une grosse impression à mon père. Il était un peu sauvage, et même si mon père essayait de le forcer à manger, il avait peu d'appétit. Mon père a donc loué une cage pour le ramener à la maison, et en ce qui me concerne, j'étais ravie d'avoir un compagnon pour partager des moments de jeu et des secrets. Nous nous sommes rapidement liés d'amitié, mais environ une semaine plus tard nous avons dû conduire Timmy chez le vétérinaire, car il avait encore maigri et mangeait de moins en moins. Après lui avoir fait passer plusieurs tests en quelques jours, on a diagnostiqué une tumeur. Le vétérinaire lui a administré une piqûre et donné des médicaments, en nous informant qu'il ne vivrait pas plus de trois ou quatre mois. Il nous a également confié que la vie qu'il avait menée avait certainement contribué à le mettre dans cet état. Il a demandé à revoir Timmy quatre semaines plus tard et nous a conseillé de réfléchir à ce que nous allions faire. Nous avons ramené Timmy à la maison, et j'étais profondément triste. Comment pouvais-je laisser souffrir ce petit animal ? Que pouvais-je faire pour l'aider ? Je ne pouvais pas le laisser mourir. Sans réfléchir à ce que je faisais, j'ai déposé Timmy dans son panier et me suis assise à côté de lui pour poser mes mains sur lui. Immédiatement, j'ai senti une immense onde d'énergie passer à travers moi. L'énergie de Timmy s'est soudainement réchauffée, ce qui faisait penser à une lumière que l'on aurait allumée. Ma mère m'a regardée en pensant que ce que je faisais était étrange, mais, pour moi, c'était quelque chose de naturel. Ensuite, j'ai effleuré le corps de Timmy pendant 10 minutes environ, jusqu'à ce qu'il ait une expression presque sereine, et je l'ai ensuite caressé de la tête à la queue.

Chaque jour, après l'école, je me précipitais pour faire ce que je sais maintenant être un traitement de guérison. Au bout d'une semaine environ, il a commencé à se rétablir, à démontrer de l'intérêt pour la nourriture et à manger, et même à jouer avec des bouts de ficelle que je promenais sur le sol. En fait, il commençait à se comporter comme un chat normal et en bonne santé ! Quatre semaines ont passé, et lorsque le moment est venu de rencontrer le vétérinaire, celui-ci a affiché un air intrigué en auscultant notre petit ami. « Je voudrais faire quelques tests supplémentaires », nous a-t-il dit. Avec une certaine perplexité, il nous a ensuite appris que la tumeur rénale, qui était auparavant de la taille d'une clémentine, n'était désormais pas plus grosse qu'un petit pois. Comment était-ce possible ? Le vétérinaire nous a confié ne jamais avoir rien vu de tel et être incapable de nous donner une explication. Était-ce le résultat de la piqûre initiale ? des antidouleurs administrés pendant deux semaines ? de l'énergie que j'avais canalisée ? Je ne pourrais pas le dire, pas plus que le vétérinaire n'a réussi à trouver d'explication logique ce jour-là. Mais ce que je peux dire, c'est que Timmy a vécu huit années supplémentaires avec nous avant de s'en aller paisiblement vers le Pont de l'arc en ciel, pendant son sommeil, à l'âge de 16 ans !

Avant que nous adoptions Timmy, quand j'avais trois ou quatre ans, je me rappelle que ma mère m'avait dit, sur le chemin vers la garderie, qu'elle avait dû chasser les chats qui avaient sauté par-dessus la barrière pour me suivre. Je me souviens également d'un jour où ma mère était en retard pour venir me chercher à l'école, quand j'avais environ neuf ans, et où je l'attendais devant les grilles de l'école, alors que tous les autres enfants étaient déjà partis. Deux chiens étaient assis à côté de moi : un dalmatien, dont j'ai appris plus tard qu'il se nommait Jason, et un colley border, nommé Dilly. C'était comme si ces chiens savaient que ma mère était en retard et qu'ils avaient décidé de me surveiller en l'attendant. En outre, c'était toujours moi, parmi toutes mes amies, qui préférais promener les chiens du voisinage à jouer à la poupée.

Lorsque j'ai terminé ma scolarité, je me suis directement inscrite à l'université pour étudier les affaires et la finance, et j'ai ensuite obtenu un poste dans les services sociaux. Je retirais peu de satisfaction de mon travail, et le stress qui l'entourait m'a valu un léger accident vasculaire cérébral, à l'âge de 24 ans. J'étais en vacances et je fêtais mon premier anniversaire de mariage. Je ne voulais prendre aucun médicament malgré l'insistance de mon médecin selon lequel je risquais d'avoir un autre AVC dans les six prochains mois. J'ai préféré me tourner vers des méthodes de guérison holistiques et me centrer sur moi-même. Par conséquent, j'ai fait des séances quotidiennes d'autoguérison, de méditation et de visualisation, auxquelles j'ai ajouté des traitements réguliers de réflexologie et de reiki. Lorsque j'ai senti que mon corps était guéri et plus fort, j'ai décidé que mon AVC avait été un tournant décisif dans ma vie et je me suis lancée dans une carrière différente, à la grande déception de certains membres de ma famille. Pendant les huit années qui ont suivi, j'ai suivi une formation en thérapie complémentaire et en conseil psychologique, et j'ai passé deux ans à suivre des cours de reiki pour devenir maître reiki. Tout cela s'est passé il y a 14 ans.

Dans la vingtaine, mon emploi du temps était divisé entre ma clientèle animale et ma clientèle humaine. Je travaillais avec une grande variété d'espèces animales, notamment des chevaux, des chiens, des chats, les lamas, des alpagas, des serpents et des singes marmousets ! Je me faisais connaître par le bouche à oreille, si bien que j'ai fini par voyager dans tout le Royaume-Uni pour aller rencontrer des animaux et leurs compagnons humains. On m'appelait « maître spirituel », « messagère des animaux ou des chats », « gourou », « visionnaire animale », et même « madame Doolittle », mais à mes yeux, j'accomplissais simplement un travail que j'adorais.

La méditation m'a énormément aidée à recouvrer la santé, et pendant mes séances, d'importants messages m'ont été transmis dans le but de me guider. Ils m'incitaient en effet à transmettre mes connaissances aux autres pour définir et valider le travail que je faisais. Il me fallait exprimer en paroles ce que mon cœur me disait de faire et ainsi aider les autres à puiser en eux cette grande énergie. En 1998, j'ai eu ce que je ne peux qualifier autrement qu'une « révélation », laquelle m'a permis de confirmer que j'étais sur le bon chemin.

Je savais au fond de moi que beaucoup de gens souhaitaient partager ce lien profond avec leurs animaux et, si possible, avec le royaume animal tout entier, validant ainsi l'idée qu'ils n'étaient pas séparés de ces créatures. Par conséquent, j'ai passé trois années à mettre au point un cours pour former des guérisseurs d'animaux professionnels, et c'est ainsi que sont nés les cours Animal Magic©. Il m'a fallu quelques années supplémentaires, pour que mon programme soit évalué aux fins de l'assurance, et aujourd'hui, mes cours sont entièrement assurables pour les élèves qui souhaitent faire partie du monde magique de la guérison des animaux. Je dis toujours à mes élèves que, s'ils ne souhaitent pas devenir des guérisseurs à temps plein comme moi, les cours leur permettront quand même de devenir une personne magique à temps plein !

Lors de mes enseignements, j'ai eu le plaisir de transmettre mes connaissances à des gens venus d'horizons différents et travaillant plus ou moins avec les animaux, notamment des entraîneurs de chevaux, des assistantes vétérinaires, des étudiants de troisième cycle, des bénévoles travaillant dans des refuges pour animaux, et même une dame de 82 ans ! J'ai même eu des élèves qui ont quitté leur emploi dans la profession juridique et dans la police pour devenir des guérisseurs à temps plein. Je travaille actuellement à la mise sur pied d'un centre de guérison destiné aux animaux, qui sera le premier du genre dans l'East Anglia, une région située au nord-est de Londres.

Je pense que tout le monde est en mesure d'accomplir de grandes choses dans le domaine de la guérison des animaux. Il n'est pas nécessaire de posséder un « don » ; nous avons tous cette capacité si nous savons la puiser dans cette partie de nous-mêmes qui est en latence depuis si longtemps. La guérison est l'éveil de l'esprit. Elle nous apprend que nous devons nous fier à notre propre esprit et à notre intuition. Elle nous permet de croire que de grandes choses sont possibles. J'ai même fait l'expérience de quasi-miracles depuis que j'ai soigné Timmy, il y a de cela 30 ans.

En tant que professionnelle, le plus important pour moi est de respecter à la lettre le code de conduite et d'éthique concernant le travail avec des animaux. Je travaille également selon la loi The Veterinary Protection Act [loi sur la protection des soins vétérinaires], laquelle prévoit des directives strictes en matière de sécurité et de santé.

Lors d'une première visite, je remplis un formulaire détaillé avec le maître de l'animal, lequel formulaire inclut les antécédents médicaux, les dates de visites chez le vétérinaire, ainsi que des détails sur l'histoire de l'animal. Une fois que je dispose de données suffisantes, je prends contact avec l'animal en utilisant de nombreuses méthodes différentes, comme la rhabdomancie, l'examen de son état général et la perception de son énergie. Puis, je commence à puiser dans le champ énergétique et place mes mains sur l'animal en les positionnant de différentes façons. À n'importe quel moment, je peux me servir de couleurs, de lumières, de sons, de mantras, de mudras, de symboles de guérison et de méthodes de guérison intuitive ou de reiki. Après avoir observé le langage corporel de mon patient, je termine le traitement en ancrant l'énergie au sein de son aura, puis je partage mes impressions et les informations que j'ai reçues avec son maître. Il est important de savoir que je ne pose pas de diagnostic. Cette discussion suivant le traitement est souvent la source de grandes surprises pour le maître, car ce que je lui transmets est habituellement profond et très touchant, puisque les animaux communiquent avec moi à différents niveaux au cours de la séance.

La réaction de l'animal à mon traitement est ce qui permettra de déterminer combien d'autres visites seront nécessaires. D'une manière générale, quatre ou cinq visites sont suffisantes pour régler des problèmes physiques, mais les difficultés émotionnelles ou comportementales peuvent nécessiter plus de séances, car la guérison se situe à un niveau plus profond pour les schémas de pensée ancrés profondément et les comportements autodestructeurs.

Quand je travaille avec des chevaux, je sens que nous partageons la même âme. Cela peut sembler étrange, mais l'énergie équine est semblable à l'énergie humaine : sensible, intelligente, lucide. Les chevaux réagissent également à notre langage corporel, ce qui peut avoir une grande incidence sur leur propre comportement. Il m'est arrivé souvent de traiter le cheval et son maître au cours d'une même séance, et de donner à ce dernier des astuces pour influencer l'énergie de son cheval de manière subtile mais profonde, grâce au lien qui l'unit à son compagnon.

Il est important de bien écouter les chevaux. L'énergie équine a beaucoup à nous donner et à nous apprendre.

Pour créer un lien profond avec votre animal, votre esprit doit être calme et serein. En outre, l'idée que les animaux sont des êtres inférieurs doit être bannie de toute pensée. Nous devons entourer et prendre soin de nos animaux si nous voulons partager notre vie avec eux.

Les animaux ne nous sont en rien inférieurs. Ils ne devraient pas être persécutés ni utilisés à des fins monétaires, pas plus qu'ils ne devraient être tués ou abattus pour notre consommation. Si vous souhaitez créer un lien profond entre vous et votre animal, réfléchissez à la phrase précédente, car elle mérite que l'on s'y arrête. Être entouré d'un animal qui nous aime inconditionnellement peut avoir des effets profonds sur notre personnalité. Les chats ne s'intéressent pas à notre apparence ou à nos kilos en trop. Les chiens se fichent pas mal de savoir si les tiroirs de la cuisine sont mal rangés, et les chevaux n'ont aucune envie de savoir quel est le dernier accessoire à la mode. Le lien qui les unit à nous est profond et éternel. Nous pouvons puiser dans cette énergie et dans cet amour inconditionnel en posant simplement les mains sur eux, en percevant leur énergie et en nous y mêlant. Observez si vous ressentez de la chaleur, de la fraîcheur ou des fourmillements. Recevez-vous des mots, des images, des phrases ou des paroles de chansons, comme c'est souvent mon cas ? Lors du premier contact, il est important de ne pas négliger les émotions et impressions qui montent en vous, car vous travaillez avec votre intuition, et non avec la partie gauche du cerveau, plus logique et scientifique. Avec la guérison, nous nous servons de ce que nos ancêtres ont utilisé pendant des centaines d'années : l'intention, la conscience et la conviction d'apporter des changements positifs sur plusieurs plans.

J'ai beaucoup de chance d'apprendre et d'enseigner ce pour quoi je pense être venue sur Terre : être une guérisseuse d'animaux à temps plein. Au cours de mon cheminement, j'ai dû mener des luttes personnelles, mais les bienfaits que j'en ai retirés en valent largement la peine. J'ai rencontré des âmes merveilleuses, animales et humaines, qui ont joué un rôle essentiel dans ma vie et le font encore aujourd'hui. Je serai à jamais reconnaissante envers ce chat noir et maigrichon nommé Timmy, sans lequel je ne serais pas en train de vivre mon rêve aujourd'hui. Merci, Timmy ; tu m'as appris énormément, tu m'as ouvert ton cœur et ton âme, et tu es mon guide pour l'éternité.

Niki Senior
www.ukanimalhealer.co.uk

Ces témoignages sont ceux de communicatrices animalières professionnelles, mais il existe aussi des gens, dont Tracey fait partie, qui possèdent un don naturel et qui s'en servent dans leur vie personnelle. Voici son histoire.

Dès que j'ai appris à marcher, j'ai commencé à aimer les animaux. Je n'ai pas eu d'animal avant l'école primaire, mais mes grands-parents avaient des chiens et des chats. Ma mère me racontait que, lorsque j'étais bébé, elle me couchait sur le lit de mes grands-parents lorsque nous allions leur rendre visite. Or si je commençais à pleurer, leur chien boxer, Caesar, se mettait à aboyer pour attirer l'attention de ma mère, jusqu'à ce que celle-ci vienne vérifier si j'allais bien. Caesar et Sandy, lequel était un golden labrador, ont toujours pris soin de moi. Ils manifestaient une grande douceur à mon égard et je les adorais.

Ma mère m'a également raconté que lorsque j'étais petite, j'aimais caresser les chiens et les chats, et qu'il lui arrivait d'être inquiète lorsqu'elle me surprenait à caresser un gros chien que nous ne connaissions pas. Selon elle, j'avais eu de la chance de ne jamais me faire mordre. Je n'ai jamais eu peur des animaux et je crois qu'aucun ne m'a mordue parce qu'ils savaient que je les aimais. Je me souviens du jour où, quand j'avais trois ou quatre ans, nous sommes allés à Knole Park, et je me suis approchée d'un chevreuil et d'un gros cerf pour les caresser. J'ai gardé une photographie de cette expérience.

J'ai vécu beaucoup d'autres expériences similaires, mais la plus intéressante s'est produite lorsque je travaillais dans un refuge pour animaux. Pendant deux ans, j'ai aidé à nourrir les animaux malades et à nettoyer leurs cages. Dans ce refuge, nous avions beaucoup d'oiseaux et d'oisillons. En m'occupant de ces animaux et oiseaux, des sensations montaient en moi, et je savais si ces créatures allaient survivre ou mourir. Mon intuition ne me trompait jamais, et j'étais triste de savoir à l'avance lesquels allaient mourir, mais j'étais également heureuse lorsque je sentais que d'autres allaient survivre. Une expérience marquante concerne un bébé blaireau d'environ trois mois qui se trouvait dans notre hôpital vétérinaire. Il était en mauvais état. Je ne m'occupais pas de lui, car les blaireaux doivent être soignés par une seule et même personne pour ne pas être trop imprégnés de la présence humaine. La personne qui s'occupait de lui m'avait confié qu'il ne buvait pas ni ne mangeait et qu'il n'allait certainement pas passer la nuit. Lorsque je me suis retrouvée seule dans la salle d'hôpital, je me suis agenouillée près du blaireau pour lui parler, et celui-ci s'est doucement rapproché de moi. Il paraissait aller très mal. J'ai trempé ma main dans son bol d'eau, et il est venu la lécher, avant de boire un peu d'eau dans son bol. Puis, je lui ai dit : « Pauvre petit. Il faut que tu guérisses. »

Cette nuit-là, alors que je dormais chez moi, je me suis réveillée en sursaut. Je ressentais, au niveau de mon estomac, un mélange de chaleur et de nausée. J'ai compris que le blaireau était en état de crise. Je lui ai dit par la pensée : « Reste avec nous », et je me suis rendormie. Le lendemain, je me suis réveillée en me demandant si le blaireau était toujours en vie. En arrivant au travail, je me suis dirigée directement vers la salle d'hôpital. Ma supérieure était là et m'a dit combien elle était heureuse que l'état de santé du blaireau se soit amélioré. Persuadée le soir précédent qu'il n'était pas assez fort pour survivre, elle avait du mal à le croire. Moi aussi j'étais très heureuse, mais je n'ai raconté à personne ce que j'avais ressenti cette nuit-là ni les sensations que j'éprouvais en présence d'animaux malades. Aujourd'hui, j'ai 38 ans et je raffole des chats. J'ai deux burmeses que j'aime à la folie.

Postface

Pour conclure, je vous conseille, si vous souhaitez vous rapprocher de vos animaux, de commencer par prévoir, dans votre emploi du temps, de passer des moments calmes seul avec eux. Il est bien trop facile, dans nos vies au rythme effréné, de se contenter du minimum en ce qui les concerne : les laver, les toiletter, les nourrir, etc. Gardez toujours à l'esprit que l'énergie se déplace, et si la vôtre n'est jamais sereine en leur présence, vos animaux ne seront pas dans le bon état d'esprit pour approfondir votre lien. D'une manière générale, les animaux, et certainement la plupart des petits animaux, ne vivent pas longtemps par rapport aux humains — au cours d'une même vie en tout cas — et les années passées avec eux passeront si vite qu'il serait regrettable de perdre du temps. Trouvez régulièrement le temps de vous installer tranquillement près de votre animal et de lui poser des questions dans votre esprit. Restez ensuite à l'affût d'une réponse. Si vous commencez en lui demandant de petites choses qui peuvent être vérifiées, par exemple : « Tu veux aller chercher ta balle ? » ou « Tu veux aller boire ? », et que votre animal vous répond par « Oui », donnez-lui par la pensée l'autorisation de s'éloigner de vous et vérifiez s'il fait ce que vous lui avez suggéré.

La prochaine étape consisterait à demander à votre animal ce qu'il a envie de faire et à attendre sa réponse. Observez ensuite s'il agit conformément à la réponse que vous pensez avoir reçue. Certains animaux utilisent les couleurs pour communiquer — bien que certains prétendent qu'ils ne voient pas tous les couleurs —, et si vous demandez par exemple au vôtre s'il a mal, il pourrait vous montrer la couleur rouge au lieu de dire oui et la verte au lieu de dire non. Commencez simplement, et construisez à partir de là. Explorez le mode de pensée de votre animal et développez votre propre langage. Ce ne sera pas long avant que vous puissiez entretenir de véritables conversations avec lui.

Lectures recommandées

Allen et Linda Anderson, *Angel Dogs*, Penguin, 2009

Paul Gallico, *Thomasina*, Penguin, 1964

Jenny Smedley, *Forever Faithful*, O Books, 2009

Jenny Smedley, *Pets Have Souls Too*, Hay House, 2009

Jackie Weaver, *Animal Talking Tales*, Local Legend Publishing, 2010

Madeleine Walker, *The Whale Whisperer*, Findhorn Press, 2011

Ressources

Penelope Smith m'a donné la permission d'inclure son code d'éthique, qui devrait être, à mon avis, celui de tous les communicateurs animaliers :

CODE D'ÉTHIQUE DES COMMUNICATEURS ANIMALIERS
Élaboré *par Penelope Smith en 1990*
www.animaltalk.net

Notre motivation est d'abord la compassion pour tous les êtres et le désir d'aider les êtres de toutes les espèces à mieux se comprendre. Nous désirons réanimer les facultés inhérentes à chaque humain de communiquer aisément et directement avec les autres espèces qui l'entourent.

Nous honorons ceux qui viennent vers nous en demandant de l'aide et nous ne jugeons ni ne condamnons personne pour les erreurs et les incompréhensions du passé. Nous honorons simplement leurs désirs de changement et d'harmonie.

Nous savons que pour conserver la pureté et l'harmonie dans notre travail, nous nous devons de grandir spirituellement et de bien nous connaître. Nous réalisons que la communication télépathique est une voie qui peut être affectée par nos désirs inconscients, nos émotions excessives, nos jugements et notre manque d'amour envers nous-mêmes et autrui. En sachant ceci, nous marchons sur le chemin de la télépathie animale avec humilité et bienveillance. Nous sommes prêts à regarder nos erreurs et à transformer les croyances qui peuvent influencer la clarté des communications que nous recevons (de la part des humains comme des non-humains).

Afin d'augmenter l'efficacité de notre travail, nous nous tenons informés et nous comprenons les lois qui gouvernent la dynamique des comportements des humains et des non-humains, et des relations entre les espèces. Pour ce faire, nous allons chercher les connaissances ainsi que l'aide personnelle dont nous avons besoin pour faire notre travail avec efficacité, compassion, respect, joie et harmonie.

Nous cherchons à faire ressortir le meilleur en chacun afin de trouver des solutions positives aux problèmes qui nous sont soumis. Nous n'offrons notre aide qu'aux gens qui la demandent afin que les gens soient réceptifs à notre aide. Cela augmente de beaucoup notre efficacité. Nous respectons les sentiments et les croyances des autres, et notre travail vise à atteindre une plus grande compassion et une meilleure compréhension entre les différentes espèces. Nous reconnaissons nos limites ainsi que ce que nous ne pouvons changer. Nous concentrons nos efforts sur ce que nous pouvons transformer.

Nous respectons la vie privée des gens et de leur compagnon animal. Nous travaillons dans la confidentialité.

Nous faisons de notre mieux pour aider les gens à conserver leur dignité et à décider comment ils peuvent, de façon adéquate, venir en aide à leur compagnon animal. Nous ne cultivons pas la dépendance envers nous et préférons stimuler la curiosité et encourager l'autonomie. Nous offrons aux gens la possibilité de grandir dans leur relation avec les êtres des autres espèces.

Nous reconnaissons nos limites et nous savons quand il faut recommander l'aide d'un autre professionnel. Ce n'est pas notre travail de diagnostiquer ni de traiter des maladies, et nous référons alors les gens aux vétérinaires. Nous pouvons exprimer les émotions d'un animal, dire comment il se sent, les symptômes qu'il présente ou l'endroit où il ressent de la douleur, tels qu'ils sont communiqués par l'animal. Cette information peut être utilisée par un vétérinaire, à sa discrétion. Nous aidons aussi à comprendre et diminuer le niveau de stress par un travail d'écoute et à l'aide d'autres méthodes douces. En partageant nos connaissances et en leur faisant part de toute l'information que nous recevons, nous donnons à nos clients la latitude nécessaire pour décider de la meilleure façon d'aider leur compagnon animal.

Le but de chaque consultation est de créer un espace pour qu'il y ait plus de compassion, une meilleure compréhension et un meilleur équilibre entre tous les êtres. Nous suivons notre cœur en honorant l'esprit qui habite chaque être et qui nous unit tous.

www.petsofthehomeless.org

www.manataka.org

www.gtpsymaggierose.com — Henry le cochon

www.cell.com/current-biology/home — article sur la tristesse chez les chimpanzés

www.save-me.org.uk — si le sort des animaux vous tient à cœur, joignez-vous à la lutte de mon ami Brian May pour les protéger.

COMMUNICATEURS ANIMALIERS

www.animaltalking.co.ok — Jackie Weaver

www.anexchangeoflove.com — Madeleine Walker

www.animaltranslations.com — Maureen Harmonay

healinganimals.org — Elizabeth Whiter

animalthoughts.com — Pea Horsley

centaur-therapies.co.uk — Holly Davies

www.animalscantalk2me.com — Oephebia

www.talkingwithanimals.co.uk — Linda Lowey

carolschultz.com — Carol Schultz

www.ukanimalhealer.co.uk — Niki Senior

www.simonfirthseminars.com — Simon Firth — *Love your Life !*

www.margretbarker.co.ok — la mission de cet organisme est de :

- **conscientiser la population sur le rôle que les animaux ont joué au cours des guerres opposant les hommes,**

- **promouvoir la diffusion de la couronne commémorative de Margaret Barker destinée aux animaux,**

- **reconnaître le courage des animaux pendant les guerres et les sacrifices qu'ils ont accomplis,**

- **honorer la camaraderie entre les hommes et les animaux qui ont travaillé, qui se sont battus et qui sont morts ensemble pendant les périodes de conflit,**

- **leur accorder le crédit qu'ils méritent et entretenir leur souvenir pour leur contribution à ce monde.**

Voici enfin quelques liens vers des vidéos que vous allez apprécier et qui vont peut-être vous étonner :

www.youtube.com/watch?v=DgjyhKn_35g&feature=related — chien sur l'autoroute

www.youtube.com/watch?v=LU8DDYz68kM — bébé buffle et lions

www.youtube.com/watch?v=cBtFTF2ii7U — éléphant et chien

www.youtube.com/watch?v=d30RUgAZz1E&feature=related — chien et lion www.youtube.com/watch?v=orFHJVaSIUE — singe et chaton

www.youtube.com/watch?v=LAFHxgbybVw&feature=rela ted — cochon et tigreaux

www.youtube.com/watch?v=9YO3aXwDr00 — chat et réanimation

www.wired.com/wiredscience/2010/04/chimpanzee-grief — chagrin des chimpanzés

newsnationalgeographic.com/news/2005/01/0104050104_ tsunami_animals.html — article sur le comportement des animaux au moment du tsunami.

À *propos de l'auteure*

Jenny Smedley vit dans le magnifique comté de Somerset, au Royaume-Uni, et est mariée depuis 41 ans. Elle est spécialiste de la régression dans les vies antérieures, auteure, présentatrice et invitée d'émissions télévisées et radiophoniques, chroniqueuse internationale et conseillère spirituelle spécialisée dans les sujets des vies antérieures et des anges. Elle a également le don de communiquer avec les animaux et les arbres. Elle vit avec son mari, Tony, guérisseur spirituel, et leur «springador» réincarné, KC.

Sa vie a été bouleversée par une vision qu'elle a eue d'une vie antérieure, dans laquelle elle connaissait celui qui porte aujourd'hui le nom de Garth Brooks. En l'espace de quelques secondes, elle a réussi à résoudre des problèmes liés à la vie présente et à en guérir les blessures. Pendant deux années, elle a animé sa propre émission de débat spirituel sur Taunton TV, où elle a interviewé des personnalités telles que David Icke, Reg Presley, Uri Geller et Diana Cooper. Jenny a été invitée dans de nombreuses émissions télévisées au Royaume-Uni, aux États-Unis, en Irlande et en Australie, notamment *The Big Breakfast*, *Kelly*, *Open House*, *The Heaven and Earth Show*, *Killroy* et *Jane Goldman Investigates*, et a participé à des centaines de programmes radiophoniques tels que *The Steve Wright Show* sur BBC Radio 2 et *The Richard Bacon Show* sur BBC Five Live, ainsi qu'à d'autres émissions aux États-Unis, dans les Caraïbes, en Australie, en Nouvelle-Zélande, en Tasmanie, en Islande, en Espagne et en Afrique du Sud. Elle est chroniqueuse pour cinq magazines publiés dans trois pays différents.

Ses passages les plus récents dans la presse sont les suivantes :

The Daily Mail : « World Renowned »,

The Daily Express : « Unique rapport with the natural world »,

The Sunday Times Style Magazine : « A global phenomenon ».

Elle se fera un plaisir de lire vos récits sur vos animaux, alors n'hésitez pas à lui envoyer un courriel (en anglais seulement) à author@globalnet.co.uk, et votre compagnon sera peut-être immortalisé dans l'un de ses prochains livres.

éditions

www.ada-inc.com
info@ada-inc.com

 www.facebook.com/EditionsAdA

www.twitter.com/EditionsAdA